franz sales sklenitzka · die bibliothek

Es gibt Leute wie Koloman Buchinger, die schwören, das Schmökern in einer Bibliothek sei so spannend wie das Surfen im Internet. Koloman Buchinger sollte es eigentlich wissen. Er hat ja die sonderbarsten Bände in seiner Bücherei, zum Beispiel das Buch *Die Bibliothek.*

„Schmökern in einer Bibliothek", sagt Buchinger, „heißt Eintauchen in Fantasiewelten voll fremder, mysteriöser Wesen, heißt knifflige Rätsel lösen und haarsträubende Abenteuer bestehen." „Eine Bibliothek", sagt Koloman Buchinger, „ist ein point and pick adventure ..."

Doch halt, wer ist Koloman Buchinger?

Du kennst Koloman Buchinger nicht? Macht nichts, du wirst ihm in diesem Buch begegnen. Immer wieder. Es lässt sich nicht vermeiden. Bereits in Abschnitt 3 kannst du ihn kennen lernen ...

Garantie

Warranty * Garantiebewijs * Certificat de garantie * Certificado de garantia

Achtung, liebe Leserin, lieber Leser! Diese Geschichte erinnert fatal an einen Irrgarten – aber es gibt einen Weg, der ans Ziel führt. Abkürzungen sind möglich, Umwege ebenfalls. Du wirst in der Bibliothek auf seltsame Bücher und auf geheimnisvolle Botschaften stoßen, merkwürdige Personen werden dir begegnen und unheimliche Vorkommnisse dafür sorgen, dass deine Lesereise nicht eintönig wird. Es kann geschehen – und das muss spätestens an dieser Stelle gesagt werden –, dass dich der Schlaf in der Bücherei überwältigt und du von einem entsetzlichen Albtraum gequält wirst. Dass du dich in einen Kampf mit allzu neugierigen Journalisten verwickeln lässt. Oder dass du unfreiwillig ein Gespräch belauschen musst, welches nicht für deine Ohren bestimmt ist. Gut möglich, dass dir ein schweres Buch auf den Kopf fällt, das irgendwann im Verlauf der Geschichte von einem hohen Regal stürzt. Aber auch Schlimmeres ist denkbar: Da freust du dich auf ein Date in der Bibliothek – und wer kommt dir entgegen? Deine Deutschlehrerin!

Lass dich nicht entmutigen! Mit solch unangenehmen Zwischenfällen müssen Abenteurer wie du rechnen – und fertig werden! Wenn nicht im ersten Anlauf, dann eben im zweiten, dritten oder vierten. Oder im sechsundfünfzigsten. Also, auch wenn es nicht danach aussieht: Diese Geschichte lässt sich erfolgreich zu Ende bringen. Dafür garantiert der Verband der Bibliothekarinnen und Bibliothekare.

Warnung!

Lesen auf eigene Gefahr!

AUFGEPASST: Solltest du zu einer Würfelstation kommen und keinen Würfel bei dir haben, kannst du dieses Buch als eine Art Daumenkino benutzen. Das geht so: Du lässt die Buchseiten unter deinem Daumen rasch durchlaufen und hältst bei irgendeiner Seite. Das Würfelbild auf dieser Seite zeigt dir die Augenzahl an, die du gewürfelt hast. (Koloman Buchinger spricht in diesem Fall von *Bibliomanthie ...*)

1

Irgendwo in der Nähe des Rathauses soll sie sein, die Bibliothek. Das behauptet jedenfalls deine Deutschlehrerin. Am besten, du fragst jemanden nach dem Weg. Da kommt schon eine Passantin: nicht mehr ganz jung, aber sehr gepflegt und schick gekleidet. Ist das nicht Frau Kleewein? Hanna Kleewein, die Frau des Bürgermeisters? Die müsste es eigentlich wissen.

Die Bibliothek? Die Frau sieht dich erstaunt an, dann deutet sie mit dem Daumen über ihre Schulter, in die Richtung, aus der sie gerade kommt. Der Daumen zeigt auf den Hinterhof, den ältesten Teil des alten Rathauses. Du bedankst dich, gehst durch den Arkadenhof und kommst an einem gelben Container vorbei, einem Sammelcontainer für Altmedikamente. An der Giebelseite eines uralten Hauses entdeckst du ein Messingschild: *Städtische Bücherei, Öffnungszeiten Mittwoch, Freitag und Samstag von 16 bis 18 Uhr oder gegen Voranmeldung.* Dein Ziel ist erreicht.

Du schaust auf deine Uhr. Zu früh! Angemeldet bist du nicht. Doch das Holztor steht einen Spalt breit offen. Seltsam! Du wirfst einen Blick in das Innere und versuchst etwas zu erkennen, doch es ist ziemlich dunkel hinter der Tür. Willst du eintreten? Weiter beim folgenden Abschnitt 2. Oder wartest du lieber ab, bis andere Besucher oder Benützer der Bücherei eintreffen, um dich ihnen anzuschließen? Weiter bei 29.

2

Was zögerst du noch? Eine Bibliothek ist keine Grabkammer und hinter dieser alten Tür lauert sicher kein Abgrund. Doch als du das Tor aufdrückst, knarrt es so laut in den Angeln, dass dir das Geräusch durch Mark und Bein fährt. Du betrittst das Gebäude und kommst in einen kahlen, fensterlosen Vorraum. Es riecht leicht modrig, fast wie in einem Keller oder einer Gruft, der typische Geruch von alten, feuchten Steinmauern. Kein Mensch ist zu sehen.

Langsam gehst du weiter. Ruhig und angenehm kühl ist es hier. Die dicken, alten Mauern wehren die Hitze des Frühsommertages ab. Kühl und ruhig, bis auf ein leises Blubbern, das von irgendwoher aus der Tiefe des alten Hauses dringt. Als ob eine Flüssigkeit in einem geheimen Labor vor sich hinbrodeln würde. Hast du eine andere Welt betreten? Beinahe kommt es dir so vor. Der Straßenlärm ist verstummt, bleibt ausgesperrt.

Nach kurzer Zeit haben sich deine Augen an das dämmrige Licht gewöhnt. Du erkennst linker Hand eine schmale Tür mit der Aufschrift *Bibliotheksleiter*. Willst du diese Tür öffnen (weiter bei 28) oder geradeaus gehen, Richtung Hauptraum? Weiter bei 3.

3

Du lässt die schmale Tür links liegen und durchquerst den kahlen Vorraum. Noch immer ist niemand in Sicht. Vielleicht solltest du dich irgendwie bemerkbar machen? Du steigst von einem Fuß auf den anderen, räusperst dich, raschelst mit deinem Notizheft, legst eine Hand ans Ohr, horchst. Nichts. Gespenstische Stille. Kein Geräusch außer diesem merkwürdigen Blubbern. Doch – jetzt nähern sich Schritte. Lange Schritte, Männerschritte, nicht in Eile, aber zielstrebig. So geht nur einer, der hier zu Hause ist, der die Räume oft und oft durchmessen hat. Und schließlich steuert jemand auf dich zu: ein großer, schlaksiger Mensch taucht auf, der seinen Kopf einziehen muss, als er durch den niedrigen Türstock aus dem Inneren des alten Hauses auf dich zukommt. Ein Mensch mit langen Armen, langen Beinen. Graue Augen unter buschigen, grauen Augenbrauen sehen dich an, prüfend, aber nicht unfreundlich.

„Hallo! Wen haben wir denn da? Einen neuen Gast?“ Er hält dir freundlich die Hand hin. Du zögerst einen Augenblick, bevor du sie ergreifst. Auf dem Handrücken des Bibliothekars sprießen graue Haare – und das erinnert dich an ... woran nur ... ja, jetzt fällt's dir wieder ein: an einen Werwolf!

„Ich bin Koloman Buchinger, der Bibliothekar hier. Herzlich willkommen in unserer Bücherei! Wir freuen uns über jeden einzelnen Besucher. Komm doch weiter!“

Du erklärst, warum du hier bist. Diese Sache mit dem Referat. Dass du nicht ganz freiwillig gekommen bist. Dass dich Frau Russmann, deine Deutschlehrerin, schickt. Dass du in einer der nächsten Deutschstunden zehn Minuten lang über diese Bücherei sprechen musst. Und du bist so ehrlich zuzugeben, dass du über diese Bibliothek rein gar nichts weißt, ja, nicht einmal gewusst hast, dass es in diesem Städtchen überhaupt eine Bibliothek gibt.

Koloman Buchingers Hand fährt durch seinen wirren, grauen Haarschopf und reibt sich den grauen Stoppelbart, dass es knistert und knirscht. „Ausgerechnet über die Bibliothek“, murmelt er und lacht. Dann nickt er und macht eine rätselhafte Bemerkung: „Naja, neue Leser kommen nicht von selbst ...“ Was soll das heißen? Steckt Buchinger mit deiner Deutschlehrerin unter einer Decke? Zahlt er eine Prämie für jede Schülerin, jeden Schüler, den Frau Russmann in die Bibliothek schickt? Ein Kopfgeld? Doch du kommst nicht dazu, lange nachzugrübeln. Der Bibliothekar ist sehr gesprächig.

„Ich kann mir vorstellen, ein anderes Thema wär’ dir lieber gewesen“, redet er munter weiter. „Der Star einer Seifenoper. Oder wenigstens die Videothek am Hauptplatz, die die neuesten Spielkonsolen, Computerspiele und Videogames anbietet. Wenn du aber wirklich über unsere Bibliothek ein Referat halten willst, dann ... werden wir das Beste daraus machen, du und ich, nicht wahr? Es ist nur ... heute ganz und gar nicht günstig.“

Buchinger senkt die Stimme, als würde er dir ein Geheimnis anvertrauen: „Ich muss zum Bürgermeister. Leider – eine Vorladung. Er ist mein Vorgesetzter und ich darf ihn nicht warten lassen. Sieht ganz so aus, als wären ein paar Bücher aus unserer Bibliothek verschwunden. Der Bürgermeister denkt, jemand hätte sie geklaut. Er ist einer von der Sorte Menschen, die sich um alles kümmert. Wie wär’s morgen mit uns beiden, morgen um dieselbe Zeit?“

Er zieht eine altmodische Uhr aus einer Jackentasche, lässt den silbernen Deckel aufspringen, wirft einen Blick auf das Zifferblatt. Dann deutet er mit einer höflichen Handbewegung zum Ausgang. Du verstehst. Im Augenblick bist du nicht willkommen.

Shit! So ein Reinfall! Dein erster Besuch hier war glatt eine Fehlanzeige. Jetzt bist du den Weg umsonst gegangen. Ärgerlich, dass du nicht vorher angerufen hast. Aber du warst dir so sicher ... Wieso stand eigentlich die Tür der Bibliothek offen, wenn die Bücherei nicht geöffnet hatte? Und warum bleibt sie jetzt wieder unversperrt, obwohl Buchinger gleichzeitig mit dir die Bibliothek verlässt? Nicht einmal die Tür schließt er! Nein, das alte Tor bleibt einen Spalt breit offen. Wenn doch, wie er sagt, erst vor kurzem etwas geklaut wurde! Ist der Mann schon so vergesslich? Oder zerstreut? Was hat das zu bedeuten? Hat es was zu bedeuten? Seltsam.

Andererseits: Was geht es dich an? Wer soll schon Bücher stehlen? Heute werden ganz andere Dinge gedreht, denkst du: Raubkopien von Musik-CDs und Videospielen. Softwarepiraterie. Kreditkartenbetrüger machen ihre schmutzigen Geschäfte, Computerhacker dringen in geheime Netzwerke und Datenbanken ein. Die wenigen Leute, die regelmäßig die Bücherei besuchen, müsste Buchinger doch alle kennen. Wenn überhaupt welche kommen ...

Während der Bibliothekar bereits den Hinterhof überquert, schreibst du rasch ein paar Notizen in dein Heft:

1. Ist Buchinger ein Werwolf? (dichter Haarwuchs auf dem Handrücken!)

2. Die Bibliothek ist nicht verschlossen!

Unter den Säulen des alten Rathauses bleibt der Bibliothekar stehen und sieht dich an, mit einer gewissen Ungeduld, wie dir vorkommt. Ach so, er wartet noch immer auf deine Antwort! Wie willst du dich entscheiden? Wirst du am nächsten Tag wieder kommen? Ja oder nein?

Ja? Weiter bei **7**.

Nein? Du denkst nicht daran, ein zweites Mal hier aufzutauchen? Du meinst, wenn du die Bibliothek nicht auf der Stelle besichtigen kannst, dann verzichtest du eben auf dieses Vergnügen? Weiter bei **4**.

4

In der folgenden Deutschstunde erklärst du, dass du dein Referat nicht halten kannst. „Büchereileiter Buchinger nahm sich keine Zeit, mir die Bibliothek zu zeigen“, erzählst du keck. Den Namen Buchinger lässt du mit Absicht fallen, damit deine Deutschlehrerin merkt, dass du wirklich in der Bücherei warst. „Er wurde zum Bürgermeister geholt, weil jemand ein paar Bücher geklaut hat ... Tut mir Leid, Frau Russmann, ich war einfach nicht erwünscht.“

Wie wird deine Deutschlehrerin reagieren? Das weiß man nie genau bei ihr. Sie ist unberechenbar! Gespannt blickst du Frau Russmann ins Gesicht. Was kramt sie denn da in ihrer Tasche? Anscheinend sucht sie irgendwas. Jetzt holt sie einen Würfel heraus und drückt ihn dir in die Hand. Würfeln? Würfeln! Na gut, dann würfelst du eben. Hoffentlich meint es das Schicksal gut mit dir!

 Gerade Augenzahl: „Was, ein Dieb-

stahl in der Bücherei?“, ruft Frau Russmann. „Habe ich das richtig verstanden? Fantastisch! Das wird ja ein spannendes Referat.“ Begeistert klatscht sie in die Hände. „Gleich heute gehst du noch einmal hin zu diesem Kolo ... Koloman Buchinger. Das ist ein Arbeitsauftrag, verstanden? Keine Widerrede! Vielleicht kannst du herausbekommen, welche Bücher gestohlen worden sind? Auf welche Weise? Ob es schon einen Verdacht gibt? Und ich hoffe sehr für dich“, fügt sie hinzu, „dass du genug Informationen für ein Zehn-Minuten-Referat zusammenkratzt!“

Oje! Das klingt ja fast wie eine Drohung! Du wolltest das Referat abblocken – und auf einmal sieht es ganz so aus, als ob du noch eine Fleißaufgabe übernehmen und Detektiv in einem Krimi spielen sollst ... Tja, Pech gehabt! Mit Frau Russmann ist nicht zu spaßen! Und leider sind deine Deutschnoten nicht so gut, dass du dich auf ein Kräftemessen mit ihr einlassen könntest. Also, los! Du kannst seufzen, stöhnen oder fluchen, aber du darfst dich nicht drücken. Es bleibt dir nichts anderes übrig: Noch einmal zur Bibliothek! Wenigstens kennst du schon den Weg. Weiter bei 7.

 Ungerade Augenzahl: „Wie du meinst“, sagt deine Deutschlehrerin mit eisiger Stimme. „Wenn du nicht über die Bibliothek sprechen willst, muss ich dir ein anderes Thema zuteilen.“ Du merkst ihr an: Sie ist eingeschnappt und enttäuscht, weil du so schnell aufgegeben hast.

„Zwei Themen sind noch nicht behandelt worden: *Das städtische Wasserwerk* und *Der städtische Friedhof mit der*

angeschlossenen Friedhofsgärtnerei", erklärt Frau Russmann. „Du hast die Wahl!"

O du Hölle! Da bist du vom Regen in die Traufe gekommen! Du könntest dich vor Ärger in den eigenen Hintern beißen, wenn du gelenkiger wärst! Du überlegst – kurz, aber angestrengt. Mit welchem Ergebnis? Wie sieht deine Entscheidung aus? Drei Möglichkeiten stehen dir offen ...

Du wählst das Referat mit dem Thema *Der städtische Friedhof, die angeschlossene Friedhofsgärtnerei und ihre Bedeutung für die Bewohner unserer Stadt*? Weiter bei **5**.

Du entscheidest dich für das Referat mit dem Thema *Das städtische Wasserwerk und seine Bedeutung für die Bewohner unserer Stadt*? Naja, wenn du meinst ... Weiter bei **6**.

Du sagst mit treuherzigem Augenaufschlag, du hättest es dir noch einmal überlegt und würdest doch lieber über *Die Bibliothek und ihre Bedeutung für die Bewohner unserer Stadt* sprechen. Das heißt, dass du noch einmal mit diesem seltsamen, grauen Koloman Buchinger Kontakt aufnehmen und zu seiner Bücherei dackeln musst ... (Noch *ein*mal? Nein, wahrscheinlich viel öfter ... Aber das kannst du zu diesem Zeitpunkt nicht ahnen ...) Weiter bei **7**.

5

Es ist still auf dem Friedhof, unheimlich still. Dabei ist Mittagszeit und nicht Mitternacht! Nur Vogelgezwitscher unterbricht hin und wieder die Ruhe. Ratlos schlenderst du eine alte Eibenallee entlang. Der Kies knirscht unnatürlich laut unter deinen Schritten.

Auf einem Grabhügel liegen noch frische Kränze. Auf einem zweiten, gleich daneben, verdorrtes Reisig und welke Blumen. „Pauline Kleewein“ steht in goldenen Lettern auf der schwarzen, blank polierten Grabtafel. Keine Menschenseele weit und breit – nicht einmal der Totengräber ist zu sehen. Du kommst dir ziemlich verloren vor. Wer soll dir hier weiterhelfen? Ein Referat über den Friedhof ist doch absolut dämlich!

Auch am anderen Ende des Friedhofs triffst du niemanden an. Die Gärtnerei sieht verwaist und verlassen aus. An der Eingangstür hängt ein Pappschild mit der Aufschrift „Komme gleich!“ Wer hat dieses Schild hier befestigt? Hoffentlich der Friedhofsgärtner und nicht der bleiche Sensenmann!, denkst du und wunderst dich wieder einmal über deine blühende Fantasie! Frau Russmann, deine Deutschlehrerin, scheint nichts davon zu wissen. Die hat dich schon immer unterschätzt!

Auf dem Rückweg durch den Friedhof musst du wieder durch die alte Eibenallee. Und jetzt stellst du fest, du bist doch nicht der einzige lebende Mensch hier unter all den Toten. Kurz bevor du den Ausgang erreichst, siehst du eine graue Gestalt vor einem Grab knien. Es ist ein Grab mit einem alten verwitterten Stein, der dicht mit Moos und Efeu bewachsen ist. Die Gestalt kommt dir bekannt vor. Ein großer, schlaksiger Mensch erhebt sich, als du dich näherst, ein Mann mit langen Armen, langen Beinen. Graue Augen, graue Haare, hager, grauer Stoppelbart.

„Wunderbar still hier, nicht wahr?“, sagt Koloman Buchinger, lächelt seltsam und wischt sich die Erdkrümel von den Knien seiner grauen Hose. „Beinahe so ruhig wie in der Bücherei. Du warst doch gestern bei mir in der Bibliothek, stimmt's?“ Der Mann hat ein gutes Personengedächtnis – trotz seines Alters. Oder verirrt sich so selten jemand in Buchingers Reich hinter dem Rathaus? Er scheint dich sofort erkannt zu haben.

Du nickst. „Sind hier Verwandte von Ihnen begraben?“, fragst du höflich.

„Eine Verwandte“, nickt der Bibliothekar und sieht sich um, als wollte er sicher gehen, dass niemand euer Gespräch belauscht. „Eine Seelenverwandte. Ich war einmal heftig verliebt in die Dame“, gesteht er mit einem merkwürdigen Grinsen. „Hin und wieder besuche ich sie hier und zünde eine Kerze an bei ihrem Grab.“

Die Inschrift auf dem alten Grabstein ist nicht leicht zu entziffern. „Annette von ...“ buchstabierst du mit einiger Mühe. Der Rest ist unleserlich bis auf das Geburts- und das Sterbedatum: 1. 4. 1797 – 26. 2. 1848.

Verliebt? Sagte Buchinger wirklich „verliebt“? Die Frau hat vor zweihundert Jahren gelebt! Dieser Bibliothekar ist schon ein seltsamer Kauz. Oder ein Spaßvogel? Will er sich über dich lustig machen? Das soll er nur probieren!

„Eigentlich war ich nicht in diese Annette verliebt, sondern in eine andere. Doch was soll's? Die andere ist weit weg von hier begraben. Wie der Zufall will, sind beide Annetten im selben Jahr geboren und im selben Jahr gestorben. Also komme ich ab und zu ans Grab dieser Dame.“

Buchinger merkt, wie du ihn halb verwundert, halb mitleidig anschaust. Du fragst dich wirklich, ob der Mann ganz richtig im Kopf ist.

„Annette war übrigens eng befreundet mit einem Bibliothekar. Ja, es gibt immer wieder Dinge im Leben, die hält kein Mensch für möglich – bis sie passieren. Genau genommen war ich in Annettes Gedichte verliebt. Und bin es noch immer“, erklärt er, ohne dass du ihn darum gebeten hast. Ungeduldig scharrst du mit den Füßen im Kies. Koloman Buchinger ist dir ein bisschen unheimlich, aber du hast das Gefühl, jetzt nicht einfach wegrennen zu können, so lange er zu dir spricht. Und er redet sich immer mehr in Eifer ...

„Ich habe Annette erst durch ihre Gedichte richtig kennen gelernt. Du musst unbedingt einmal welche lesen! Sie schrieb wunderbare Balladen; geheimnisvolle Gedichte, die mir aus tiefster Seele sprechen: *Die tote Lerche*, *Der Knabe im Moor* ... Ihr Innerstes hat sie vor mir ausgebreitet, ja, ihre Traumwelten. Ich dachte, jemand, der solche Gedichte schreiben kann, den muss man einfach lieben. In der Bibliothek gibt es einen alten Lyrikband von Annette. Den kannst du gern ausleihen. Falls du heute Nachmittag kommst ...“

„Ach, wissen Sie“, erklärst du dem Bibliothekar, „ich will Ihre Gefühle nicht verletzen, aber Gedichte interessieren mich nicht die Bohne, schon gar nicht so alte.“ Dann verabschiedest du dich rasch.

War die Begegnung mit Koloman Buchinger ein Omen, ein Wink, ein Fingerzeig des Schicksals? Da du auf dem Friedhof niemand anderen als den schrulligen Bibliothekar angetroffen hast, solltest du vielleicht doch besser das Referat über die Bibliothek halten ... Weiter bei 7.

6

Wie auch immer: Du wirst nie erfahren, ob die weiteren Besuche in Koloman Buchingers geheimnisvoller Bibliothek ein Fluch oder ein Segen für dich gewesen wären. Schade! Kaum zu glauben, aber wahr: Die Geschichte ist für dich bereits zu Ende! Wieso? Ein Buch mit dem Titel *Der städtische Friedhof* oder *Das städtische Wasserwerk* wurde noch nicht geschrieben. Schlag das Buch jetzt zu und schau dir das Umschlagbild genau an! Wie heißt der Titel? Richtig: *Die Bibliothek*!

Wenn du willst, kannst du noch einmal von vorn beginnen, bei Abschnitt **1**. Vielleicht sieht dann deine Entscheidung anders aus? Oder du besorgst dir ein anderes interaktives Spielbuch, zum Beispiel *Die Ruine*, *Höbarths Zeitmaschine* oder *Der Schwarze Graf*. Möglicherweise kannst du sie sogar in Buchingers Bibliothek ausleihen, wer weiß ... Weiter bei **1**.

7

Pünktlich findest du dich am nächsten Tag ein. Koloman Buchinger begrüßt dich, als wärst du ihm schon lang bekannt. Ja, so herzlich wirst du empfangen wie ein seit Jahren eingeschriebenes Mitglied der Bibliothek, mit eigenem Ausweis, Lesepass und so. Für einen, in dessen Bücherei geklaut wurde, wirkt Buchinger erstaunlich ruhig und gelassen, fast vergnügt, denkst du. Macht ihn das nicht irgendwie verdächtig?

Der Bibliothekar kratzt sich am Kopf. „Also, zu deinem Referat: Wie fangen wir am besten an? Ich geb' dir einen guten Rat: Schreib gar nicht erst auf, wie viele Bände wir hier haben. Schreib nicht auf, wie lang und wie breit die Bibliothek ist, wie viele Laufmeter Regale man hier finden kann, wie viele Bücher von einigen wenigen Leuten pro Jahr ausgeliehen werden. Du brauchst auch nicht zu erzählen, dass dieser feuchte, alte Schuppen einmal ein Rübenkeller war, bevor die Stadtväter dachten, man könnte eine Bibliothek daraus machen. Das interessiert doch kaum jemanden. Damit langweilst du deine Klasse."

Ja, das befürchtest du auch. Doch was sonst kann man über eine Bücherei berichten? Ratlos nagst du an deinem Kugelschreiber. Buchinger merkt es. Sein Mund verzieht sich zu einem Schmunzeln.

„Ich hab' da eine bessere Idee! Es gibt, unter uns gesagt, ein paar schaurige Geschichten über unsere Bibliothek. Jajaja, sie hat mehr zu bieten, als man denkt", murmelt er wie im Selbstgespräch und senkt die Stimme. „Ob du diese Gruselstorys nun glaubst oder nicht – diese Bücherei steckt voller Geheimnisse ... Anfangs denkt man noch an Zufall. Aber dann, wenn eins zum anderen kommt ... Seit vorgestern fehlen Bücher, Bücher aus dem Hinterzimmer, Bücher, die niemand hätte ausleihen dürfen: ziemlich alt, ziemlich wertvoll, besonders eins der vier. Sind einfach weg. Spurlos verschwunden. Langsam habe ich meine Zweifel, ob es hier noch mit rechten Dingen zugeht", setzt er fort, als er deinen fragenden Blick bemerkt. Du bleibst skeptisch.

„Beispiel gefällig? Bitte!" Er macht ein paar Schritte auf die Bücherwand zu. „Hier, siehst du dieses rote Regal?

Erzähl deiner Klasse und der Lehrerin einfach Geschichten vom roten Regal."

„Vom roten Regal?"

Buchinger kann nicht gleich antworten. Er wird von einem Hustenanfall geschüttelt. Du siehst den Bibliothekar mitleidig an. Naja, einer, der sein Leben lang mit verstaubten Büchern auf staubigen Regalen zu tun hat, kriegt schon eine Menge Staub in die Lunge. Was für ein Beruf!

Endlich gelingt es Buchinger, wieder zu sprechen. „Erzähl vom roten Regal und den Büchern auf diesem Bord", sagt er heiser. „Es sind dies samt und sonders absonderliche Bücher einer ganz besonderen Bibliothek."

Buchinger ist dir heute nicht ganz geheuer. Beim letzten Mal hast du ihn einfach schrullig gefunden, ein harmloser Spinner. Aber heute macht er dir beinahe Angst. Der Mann spricht eine Sprache, als würde er aus einem früheren Jahrhundert stammen. ... „samt und sonders"! Hoffentlich brauchst du kein Wörterbuch, um sich mit ihm zu unterhalten! Ein Museumswärter, denkst du, mehr noch, der Bibliothekar ist ein lebendes Museumsstück. Und seine Bibliothek erinnert irgendwie an eine Gruft. Ja, es ist dieser leicht modrige Geruch, der deiner Nase schon bei deinem ersten Besuch aufgefallen ist. Aber du musst einfach versuchen, mit dem Mann auszukommen, wenn du dein Referat schaffen willst. Es bleibt dir keine andere Wahl. Für deine Deutschnote ist dieses Referat ganz wichtig ... Leider. Also nimmst du den Faden wieder auf. „Was ist denn so besonders an dieser Bibliothek hier?", fragst du.

„Jede Bibliothek ist was Besonderes, mein Kind. Auf der ganzen Welt gleicht keine der anderen. Aber in gewissem

Sinn ist das hier vielleicht wirklich eine von den ganz sonderbaren."

Buchinger hebt seinen dürren Zeigefinger wie ein Warnzeichen und bleibt vor einem Regal stehen. Es ist nicht länger, nicht breiter und nicht höher, aber es ist knallrot lackiert – während die anderen aus hellem Holz gezimmert sind. Die Bücher auf diesem roten Regal passen nicht zueinander! Das siehst du auf den ersten Blick. Sie sind verschieden groß, verschieden stark und bestimmt auch verschieden alt. Wie bunt zusammengewürfelt stehen sie auf dem roten Bord.

„Jedes einzelne Buch hier", erklärt der Bibliothekar, „hat sein Geheimnis. Und immer wieder kommen neue Bände hinzu. Ein ganzes Regal musste ich für diese sonderbaren Exemplare schon räumen. Beispiel gefällig? Nimm gleich das erste Buch links oben." Der Bibliothekar deutet auf einen unscheinbaren, blassgrünen Schmöker.

„Was ist damit?"

„Bis vor einem Jahr hatte dieser Band seinen Platz bei den Kinderbüchern. Ab und zu wurde er ausgeliehen, nicht allzu oft, dann wieder zurückgegeben. Ein unauffälliges Buchleben sozusagen. Doch plötzlich im letzten Sommer ..."

Koloman Buchinger legt eine Pause ein. Der Mann erzählt anscheinend gern und braucht ein Publikum. Aber er soll bloß nicht denken, dass du jetzt stundenlang seinen langatmigen Geschichten zuhörst, nur weil du ein Referat über diese Bibliothek halten musst. Möchtest du mehr über dieses erste Buch auf dem roten Regal erfahren?

Ja? Weiter bei 8.

Nein, das interessiert dich nicht besonders. Das zweite Buch auf dem Regal macht mehr Eindruck auf dich, ein Band mit blaugrauem Umschlag, – oder das dritte – ein blutroter Schmöker, so groß und schwer, dass man damit jemanden erschlagen könnte.

Willst du die Geschichte des zweiten Buches auf dem roten Regal hören? Weiter bei **9**. Oder die des dritten? Weiter bei **10**. Du möchtest dich erst gar nicht beim roten Regal aufhalten? Du willst mehr über die verschwundenen Bücher erfahren? Weiter bei **11**.

8

„Es war, wie gesagt, letzten Sommer“, wiederholt Koloman Buchinger. Sein Blick hat sich verdüstert und eine steile Falte ist auf seiner Stirn erschienen. „Da kam jemand in die Bibliothek.“

Du lachst auf. „Was ist daran so ungewöhnlich? Eine Bibliothek ist ja dazu da, dass sie besucht wird.“

„Richtig“, nickt Buchinger. „So ist es. Aber lass mich ausreden. Dieser Besucher – oder soll ich sagen diese Besucherin? – tauchte mehrmals auf. Hat sich eingeschlichen. Ohne unser Wissen. Und nie zur Ausleihzeit. Keiner hat ihn je gesehen, falsch, keiner hat sie je gesehen.“

„Nachts?“

Buchinger nickt. „Sieht ganz so aus.“

„Gibt es einen bestimmten Verdacht?“, willst du wissen.

Der Bibliothekar nickt wieder mit düsterer Miene. „Es gibt mehr als einen Verdacht. Es gibt handfeste, nein, zahnfeste Beweise. Ich weiß heute, wer es war. Aber ich konnte den Täter nicht stellen, nicht auf frischer Tat ertappen. Er war zu flink – oder sie. Vier oder fünf Nächte habe ich in der Bibliothek verbracht. Seither gibt es auch eine einfache Schlafstelle hier."

Du machst dir wieder ein paar Aufzeichnungen. Schade, dass du nicht daran gedacht hast, ein Diktiergerät mitzunehmen. „Und Sie haben dieses Phantom nicht gesehen?"

„Kein einziges Mal. Aber gehört. Willst du noch mehr wissen?"

„Klar."

„Der nächtliche Besucher oder die Besucherin blieb also unsichtbar – bis auf die Spuren. Ich entdeckte, dass er oder sie es auf einen einzigen Band abgesehen hatte, auf ein ganz bestimmtes Buch."

Du fasst deine Notizen zusammen. „Es kam also eines Nachts jemand rein, suchte ein bestimmtes Buch, fand es und nahm es mit?"

Buchinger schüttelt den Kopf. „Nein, nein, so war es nicht. Das Buch wurde nicht mitgenommen. Es stand am nächsten Tag noch an seinem Platz."

„Dann wollte dieser Unbekannte vielleicht im Buch nur etwas nachschlagen? War es ein Lexikon?", sagst du mit leichter Ungeduld.

„Nein, kein Lexikon. Es war ein Band mit Erzählungen."

Die Geschichte beginnt dich zu interessieren. „Woher konnten Sie wissen, dass ein bestimmtes Buch benützt wurde? Blieb es aufgeschlagen liegen? Ich meine, der Besucher hätte doch aus einem anderen Grund kommen kön-

nen. Vielleicht hatte er es gar nicht auf ein Buch abgesehen, sondern auf die Kasse. Oder den Computer."

Buchinger lacht gequält. „Ha! Darauf warte ich schon die ganze Zeit. Vielleicht bekomme ich dann endlich einen neuen. Doch wer soll diese alte Kiste klauen? Ein Antiquitätenhändler? Ein Museumswärter? Nein, es ging um ein Buch. – Hier", murmelt der Bibliothekar. Er drückt dir das unscheinbare Buch mit dem blassgrünen Leinenumschlag in die Hand. „Manche haben Bücher eben zum Fressen gern."

Du kannst an dem Band zunächst nichts Auffallendes bemerken. Doch dann siehst du dir den Rücken des grünen Buches näher an. Am unteren Ende fehlt ein Stück. Es schaut aus, als wäre er benagt worden!

„Dieses Buch wurde richtiggehend angeknabbert, wie man sieht", sagt der Bibliothekar und stellt den Band behutsam zurück auf das Regal, als wäre er eine besondere Kostbarkeit.

Du nickst – und malst ein großes Fragezeichen hinter deine Schlagworte. So toll wie Buchinger diese Geschichte findet, ist sie nun auch wieder nicht. Schließlich kennst du selbst Mitschüler, die aus Nervosität oder Langeweile an ihren Stiften knabbern. Warum sollte also nicht irgendjemand einmal zur Abwechslung ein Buch benagen? Vielleicht bei einem unerträglich spannenden Film im Fernsehen – ein Buch hat sicher weniger Kalorien als Kartoffelchips oder Popcorn. „Und? Weiter?"

Der Bibliothekar bleibt ernst. „Es gibt Dinge, die hält kein Mensch für möglich – bis sie passieren. Ich habe das Buch einem Zoologen gezeigt. Aufgrund der Bissspuren konnte er eindeutig feststellen, dass es sich nicht um einen Leser handelte."

„Also eine Leserin?"

„Auch nicht."

„Wer war's dann? Ein Außerirdischer? Ein Alien? Ein Werwolf?", fragst du spöttisch. Die Art, wie Buchinger eure Unterhaltung in die Länge zieht, beginnt langsam zu nerven.

„Der Zoologe behauptete", sagt er, „es sei eine junge Ratte gewesen."

„Aha, eine Leseratte also." Nein, es gibt wirklich bessere Geschichten, denkst du. Damit kann er vielleicht in einer Märchenstunde bei Siebenjährigen für eine Gänsehaut sorgen. Aber bei deinen Mitschülern?

Buchinger schmunzelt. „Doch das Beste kommt erst!"

„Ja?"

Der Bibliothekar genießt es sichtlich, wie du ihn erwartungsvoll ansiehst. Immer wieder legt er kleine Kunstpausen ein.

„Hast du dir den Titel angesehen? Nein? Dieses Buch hatte ja früher anderswo seinen Platz, und zwar bei den Kinderbüchern – und hier wieder in der Reihe der Tierbücher. Die junge Ratte kam also nachts durch das einzige Fenster in die Bibliothek – und wo lief sie hin? Sie besuchte die Kinderbuchabteilung. Dort stürzte sie sich nicht auf die Sachbücher oder auf die Bilderbücher. Nein, sie wandte sich der Abteilung *Tiere* zu."

„Und wie heißt das Buch, das sie sich ausgesucht hat?", willst du wissen.

„Sieh doch selbst nach", sagt Buchinger und nimmt den grünen Band noch einmal vom Regal. Neugierig wirfst du einen Blick auf den Titel: *Tiergeschichten aus Österreich.*

„Nette Story", stellst du fest, um Buchinger bei Laune zu halten. Für das Referat brauchst du noch weitere Auskünfte von ihm. „Gibt es noch mehr Geschichten von dieser Sorte?"

Buchinger nickt.

Willst du etwas über die nächsten zwei Bücher auf dem roten Regal erfahren? Ja? Weiter bei **9**.

Nein, Buchinger soll über die Bücher erzählen, die seit kurzem verschwunden sind? Weiter bei **11**.

9

„Das da ist auch so ein geheimnisvolles Ding", murmelt Buchinger und holt das nächste Buch vom Regal. Es hat einen blaugrauen Leinenumschlag, der mit prachtvollen Jugendstilornamenten geschmückt ist. „Der Letzte, der dieses Buch aus der alten Pfarrbücherei auslieh, ist am 31. Dezember anno 1910 spurlos verschwunden – wie vom Erdboden verschluckt. Nicht einmal einen Abschiedsbrief hinterließ er. Nur dieses Buch blieb in dem Raum zurück, in dem er zuletzt gesehen wurde."

Will dich Buchinger auf den Arm nehmen? Du siehst den Bibliothekar prüfend an, doch der bleibt ernst. Jetzt wirfst du einen Blick auf den Titel: *Erfindungen und Experimente* steht da in erhabenen Goldbuchstaben. Unter dem Titel ist etwas kleiner zu lesen: *Gemeinverständliche Darstellung aus allen Gebieten der Technik und ihrer Anwendung in der modernen Industrie. Band II, Berlin 1905.*

„Ich fand den Bericht über das Verschwinden des Lesers Xaver Höllwarth in der alten Pfarrchronik. Das Buch lag übrigens offen auf dem Tisch, aufgeschlagen bei Seite 126, beim Kapitel *Experimente mit Zeit und Raum ...*"

Brrr! Diese Geschichte geht dir doch unter die Haut, mehr als du zugeben willst. Buchinger besitzt ein Buch, dessen Leser auf Nimmerwiedersehen verschwand? Der sich in Luft auflöste, sich verflüchtigte wie leichtes Gas? Diesen Band musst du dir merken! Vielleicht gibt es nun eine Möglichkeit, Frau Russmann und dem Deutschreferat zu entgehen ...

Willst du jetzt Näheres über das erste Buch wissen? (Weiter bei **8**) Oder über das dritte? (Weiter bei **10**) Oder lässt du dir von Buchinger über die verschwundenen Bücher berichten? (Weiter bei **11**)

10

„Hab' ich deine Neugier geweckt?", fragt der Bibliothekar mit einem zufriedenen Schmunzeln. „Gut? Um diesen ..." – Buchinger streckt sich ächzend und holt mit seinen langen Armen einen schweren Band herab – „... Schmöker rankt sich ebenfalls eine sonderbare Geschichte. Allerdings liegt sie auch schon viele Jahrzehnte zurück."

Bewundernd lässt du die Finger über das alte Buch gleiten. Kunstvolle Muster und Ornamente sind in den blutroten Ledereinband geprägt. Der Seitenschnitt ist golden – ein wahres Prachtexemplar.

„Ein Schmuckstück für jede Bibliothek. Bücher wie dieses werden heute nicht mehr gemacht." Buchinger hat sich wieder gesetzt. Er wiegt den Band bedeutungsvoll in den Händen – und schweigt. „Dieses Buch", sagt er nach einer Weile bedächtig und betont dabei jedes Wort, „ist nicht nur ein Buch. Es wurde zum Mordinstrument."

Du glaubst, dich verhört zu haben. „Wie bitte?", fragst du und spürst, wie dein Mund trocken wird. „Könnten Sie das wiederholen?" Ein Mord in dieser modrigen, alten Bibliothek, ein ungeklärter Fall? Das musst du in dein Referat einbauen! Mit einem Krimi wirst du die Aufmerksamkeit deiner Klasse eher gewinnen als mit der Geschichte von der Ratte. „Sie meinen ..., an diesem Buchrücken klebt Blut?"

Buchinger schüttelt grinsend den Kopf. „Blut? Nein, nein, schon lang nicht mehr. Es war im Jahre 1908, als mit diesem Werk jemand getötet wurde, wenn man der Chronik glauben darf. Es nennt sich übrigens *Legenden oder*

Der christliche Sternenhimmel, falls du dir den Titel aufschreiben willst." Schnell machst du dir ein paar Notizen. Dein Referat scheint gerettet.

„Wer wurde denn mit diesem frommen Buch erschlagen?"

„Ein andermal", murmelt Buchinger, legt einen Finger auf die Lippen und lauscht. „Hörst du das Tor? Ich glaube, da kommt jemand." Der Bibliothekar erhebt sich. „An das Knarren des alten Tores hab' ich mich übrigens längst gewöhnt, es ist deutlicher zu hören als jede Klingel. Und jetzt verrate ich dir noch ein kleines Geheimnis: Wann immer die Tür offen steht, weißt du, es ist jemand da. Dann ist die Bibliothek bewacht."

Ob das wirklich stimmt? Ist es nicht so, dass sich diese alte Holztür gar nicht mehr richtig schließen lässt, weil sich das Holz im Laufe der Jahre verzogen hat?

Tatsächlich, auch du hörst das alte Tor in diesem Augenblick knarren. Der Bibliothekar geht hinaus in den Vorraum. Warum muss gerade jetzt jemand kommen? Seufzend fügst du dich in dein Schicksal. Es war ja auch nicht zu erwarten, dass Buchinger deine Frage mit einem Wort oder einem knappen Satz beantworten würde. So gut kennst du den Bibliothekar inzwischen. Was du in diesem Augenblick allerdings noch nicht wissen kannst: Es wird noch viel passieren in dieser Geschichte, bevor du das Geheimnis des dritten Buches erfährst ...

Inzwischen ist der Bibliothekar wieder zurück. Er wirkt irgendwie ratlos. „Seltsam! Du hast doch auch das Tor knarren gehört?“

Du nickst.

„Komisch“, sagt Buchinger. „Dann kann es keine Einbildung gewesen sein. Es ist niemand draußen im Vorraum! Hm, vielleicht war’s der Wind ... Da fällt mir eben ein, ich brauche noch Filtertüten für die Kaffeemaschine.“ Er zieht seine altmodische Uhr aus seiner Jackentasche, lässt den silbernen Deckel aufspringen, wirft einen Blick auf das Zifferblatt. „Kann ich dich für kurze Zeit hier allein lassen? In einer Viertelstunde bin ich wieder zurück, spätestens. Aber gib mir bitte gut Acht, dass nicht wieder was Unvorhergesehenes passiert in unserer Bibliothek.“ Weiter bei 23.

11

Du zückst dein Notizheft. „Eine Frage, Herr Buchinger: Wie kommt eine kleine Stadtbücherei eigentlich zu so alten Büchern?“

„He, he! Nun mach einen Punkt! So klein sind wir nun auch nicht“, sagt Buchinger ein wenig ungehalten und runzelt die Stirn. Hat er „wir“ gesagt? Ja! *Wir* sind gar nicht so klein. Er rechnet sich selbst dazu, ist Bestandteil dieser Bibliothek. Er *ist* diese Bibliothek.

„Du musst wissen, es gab einmal vor vielen Jahren eine Pfarrbücherei in dieser Stadt. Doch diese Bücherei wurde geschlossen. Niemand kann heute genau sagen, warum. Es gab sonderbare Gerüchte und Ereignisse, die sich nicht erklären ließen. Die Leute, die in die Bücherei kamen, fühlten sich beobachtet. Tatsächlich gibt es noch ein Buch aus dieser Zeit, in das zwei Löcher gestanzt sind, sodass man es wie eine Maske vors Gesicht halten und dabei hindurchsehen kann. 1912 starb der Pfarrer, der die Bibliothek leitete, im hohen Alter von 109 Jahren. Ich wette, der betagte Herr hat ein paar Geheimnisse mit in sein Grab genommen.

Niemand wollte danach die Bibliothek leiten. Vierzig Jahre lang verstaubten die Bücher auf den Regalen. Dann gingen sie auf uns über. Etliche Bücher stammen also aus dieser Pfarrbücherei – wie Nummer zwei und Nummer drei auf dem roten Regal. Es gab dort aber auch Bücher, die noch bedeutend älter waren. Bücher, die heute kaum jemand lesen würde, weil die Schrift kaum jemand lesen, weil die Sprache kaum wer verstehen könnte. Sie sind nicht zum Ausleihen bestimmt und stehen geordnet im ersten

Hinterzimmer der Bibliothek – bis auf die vier ältesten. Die sind verschwunden: eine dreiteilige Bibel und die Lebensgeschichte des heiligen Bonifaz."

„Wo genau waren diese Bücher?", erkundigst du dich. „Ich meine, bevor sie verschwanden?"

Buchinger holt die Stehleiter aus der Abstellkammer. Dann führt er dich ins Hinterzimmer. Das Hinterzimmer schließt sich an den Hauptraum an, ist jedoch etwas kleiner. Von diesem Zimmer kannst du durch eine Türöffnung einen Blick in ein weiteres Zimmer werfen, in das Zimmer hinter dem Hinterzimmer. Das rätselhafte Blubbern, das dir schon bei deinem ersten Besuch aufgefallen ist, scheint aus dem letzten Raum zu kommen. Er ist der kleinste und zugleich der hellste; dort gibt es das einzige Fenster der ganzen Bücherei. Davor stapeln sich unzählige Bände auf dem Fußboden, während die Bücher hier, im ersten Hinterzimmer, in dem du dich jetzt aufhältst, in Reih und Glied auf den Regalen stehen. Es sind durchwegs alte Bände, wie du erkennen kannst. Du schnupperst. Zarter Kaffeeduft wird von einem merkwürdigen schweren Geruch überlagert, der an das Innere einer alten Kirche erinnert: eine seltsame Mischung aus Weihrauch, Kerzenwachs und abgestandener, kalter Luft.

Du steigst drei Leitersprossen hoch. Auf einem Regal kann man noch Fingerabdrücke in einer dünnen Staubschicht erkennen. Und du siehst auch sofort, wo die fehlenden Bücher standen: An diesen Stellen liegt kein Stäubchen.

„Wäre es nicht möglich, dass die Bücher einfach anderswo hingekommen sind, auf einen anderen Platz?", fragst du von oben. „Dass sie falsch eingeordnet wurden?“

„Ausgeschlossen!“, sagt Buchinger und seine Stimme klingt auf einmal eisig. Du spürst, dein Einwand ist eine Beleidigung für ihn. „Ich habe noch nie ein Buch falsch eingeordnet. Wie ich sagte: Diese alten Bücher sind keine Bücher zum Ausleihen. Deswegen standen sie auch hier im Hinterzimmer und nicht vorne im Hauptraum.“

Aha, der Hauptraum ist die Leihbibliothek, das Hinterzimmer ist so eine Art Buchmuseum, eine Schaubibliothek für Auserwählte (wie für dich), und dahinter im letzten Raum Buchingers Büro und gleichzeitig seine Cafeteria ...

Plötzlich machst du eine interessante Entdeckung. „Augenblick, Herr Buchinger!“, rufst du. „Haben Sie das schon gesehen?“

Der Bibliothekar kommt herbeigeeilt. Er ist beinahe so groß wie du, wenn du auf der obersten Sprosse der Leiter stehst. Weiter bei 12.

12

„Da liegt ein Zettel, nein, eine bedruckte Seite!“ Du holst ein Stück Papier vom Regal, schaust es genau an, reichst es dann dem Bibliothekar. Das Blatt sieht aus, als hätte es jemand in großer Eile aus einer Zeitung gerissen, aus einem Magazin oder einer Illustrierten. Aber nicht aus einem Buch: Es ist dünnes, glattes Papier. Großformat.

„Nanu!“, ruft Buchinger, „wo kommt das denn her? Das hast du da oben gefunden? Diese Seite war gestern noch nicht da!“

Du kletterst die Leiter wieder hinunter. Gemeinsam beugt ihr euch über den Fund.

„Da wollte Ihnen jemand eine Botschaft zukommen lassen“, flüsterst du aufgeregt. „Oder eine dunkle Prophezeiung ...“

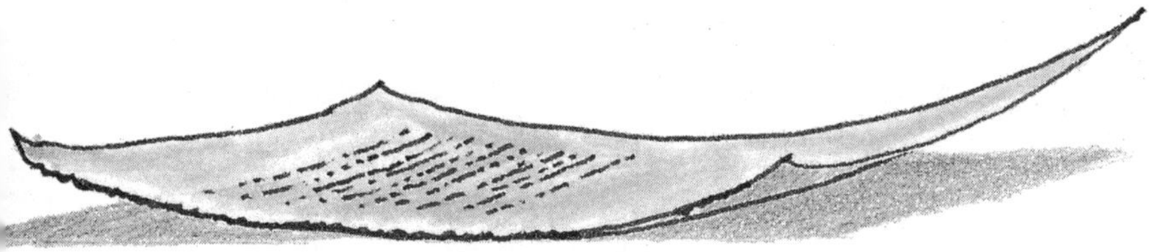

Koloman Buchinger schüttelt zweifelnd den Kopf. „Ich weiß nicht ... das sieht mir eher nach einer Beschreibung aus ... Auf jeden Fall müssen wir den Bürgermeister verständigen. Herr Kleewein wünscht über jede Einzelheit in dem Fall informiert zu werden, über jede. Er hat die Suche nach dem Bonifaz-Buch zur Chefsache erklärt – und auch schon eine Prämie ausgesetzt!“

Buchinger geht zum Telefon. Du hörst, wie er mit dem Bürgermeister spricht: „Eine Seite auf dem besagten Regal. Wie aus einem Katalog oder einem Magazin. Wie? Nicht hinüberbringen zu Ihnen ins Rathaus? Nein? Ach so, Sie kommen lieber selbst? Bitte!“

Während Buchinger mit dem Bürgermeister telefoniert, siehst du dir deinen Fund ganz genau an. Auf dem Stück Papier ist Folgendes zu lesen:

Du wirst Verschlingungen erkennen von solcher Feinheit

und Zartheit, solcher Gedrängtheit und Dichte, solcher Fülle an Knoten und Zwischengliedern, mit so frischen und glänzenden Farben, dass du glauben könntest, das alles sei nicht das Werk eines Menschen ... Weiter bei 13.

13

Zehn Minuten später trifft der Bürgermeister ein. Kleewein zieht sein Sakko aus und wirft es über eine Stuhllehne. Sein Hemdkragen ist offen und seine Krawatte gelockert. Sein Haar steht wirr zu Berge. Hat ihn deine Entdeckung so aufgewühlt?

„Hektischer Tag, Buchinger", murmelt der Bürgermeister, wie zur Entschuldigung, nachdem er dich flüchtig begrüßt hat. „So, nun lassen Sie mal sehen. Wo ist denn dieser Fetzen Papier? Haben Sie schon eine Kopie gemacht?"

„Eine Kopie?", fragt Buchinger staunend. „Ja, womit denn?"

Kleewein sieht den Bibliothekar an, als wäre er geistig etwas zurückgeblieben. „Wollen Sie sagen, Sie haben keinen Kopierer in der Bücherei?"

Buchinger schüttelt bedauernd den Kopf.

„Dann faxen Sie die gefundene Seite meiner Sekretärin – sie müsste noch in meinem Büro sein –, damit sie eine Vergrößerung anfertigt!"

„Faxen?", fragt Buchinger. „Sie meinen, ich soll ihr ein Telefax schicken? Womit denn?"

„Ach, Buchinger", stöhnt der Bürgermeister. „Sie haben auch kein Faxgerät hier?"

„Wenn ich eins hätte, dann könnte ich ja selbst eine Kopie anfertigen. Die Bibliothek wird stiefmütterlich behandelt von unserer Stadtgemeinde“, erklärt Buchinger, als ob er sich entschuldigen wollte. „Vielleicht denken Sie bei der nächsten Sitzung daran. Ich hätte nichts dagegen, wenn etwas mehr Geld in die Ausstattung unserer Leihbücherei fließen würde.“

„Geben Sie schon her!“, ruft der Bürgermeister ungeduldig, nimmt das Blatt und verschwindet mit großen Schritten.

„Soll ich die Seite Ihrer Sekretärin zum Kopieren bringen?“, rufst du ihm nach.

„Ach, lass nur“, murmelt Buchinger. „Das wird er sich nicht nehmen lassen. Er versteht sich gut mit seiner Sekretärin.“ Plötzlich sieht dir der Bibliothekar geradewegs ins Gesicht. „Aber du kannst dich auf andere Art nützlich machen: Hilf uns doch bei der Suche nach den Büchern!“

Du lässt dir Zeit mit deiner Antwort. So eine Zusage will gut überlegt sein. Deine Begeisterung, Buchingers Privatdetektiv zu werden, hält sich in Grenzen. Die Freizeit ist dir wichtig.

Da knarrt die Eingangstür der Bibliothek. Du hörst das Klappern von hohen Absätzen auf den alten Holzdielen und dann taucht die Sekretärin von Bürgermeister Kleewein auf. Sie hat die Seite mit dem geheimnisvollen Text kopiert. Eine Kopie überreicht sie dir, die zweite dem Bibliothekar. Du faltest das Blatt und stopfst es in die Tasche. Weiter bei **14**.

14

Willst du dich an der Suche beteiligen? Noch wartet Buchinger auf deine Antwort. Du denkst an dein Deutschreferat. Vielleicht kommst du den verschwundenen Büchern wirklich auf die Spur und kannst dann in der Schule darüber berichten? Vielleicht brauchst du dafür dein ganzes Leben lang nie mehr ein Referat zu halten! Wegen besonderer Verdienste um die städtische Bücherei ... Aber es lockt noch ein anderer Grund: Geld! Buchinger sagte was von einer Prämie. Du bist ziemlich gut im Finden – auch im Erfinden – und ohnehin meist knapp bei Kasse. Also wirst du Augen und Ohren offen halten. Der Bibliothekar kann mit dir rechnen! Doch bevor du zusagst, musst du noch mehr über diese alten Bücher in Erfahrung bringen!

Weiter bei **15**.

15

„Wer hat denn Interesse an solchen alten Schwarten?“, fragst du ohne Respekt. Nie im Leben würde es dir einfallen, ein verschimmeltes, staubiges Buch zu klauen, das ohnehin kein Mensch mehr lesen kann.

„Moment mal“, unterbricht dich Buchinger. „Sprich mir nicht von Schwarten! Erstens bin ich Vegetarier! Zweitens ist so eine alte Handschrift manchmal ein Vermögen wert! Vor allem, wenn es sich um seltene Exemplare oder gar ein Einzelstück handelt. Ich kann dir ein halbes Dutzend Bibliotheken aufzählen, die ein schönes Sümmchen für unsere vier Folianten hinblättern würden. Die Library of Congress, Washington D.C., zum Beispiel, die städtischen Büchereien in Stuttgart, das Goethe-Institut, die Kleist-Gesellschaft, das Hebbel-Museum, die Herder-Stiftung."

„Und drittens?"

„Und drittens geht es in unserem Fall um das, was drinnen steht! Kapiert? Um den Inhalt! Ich rede nicht von der dreiteiligen Bibel, wohlgemerkt! Nein, ich spreche vom vierten Buch, das verschwunden ist. Ich spreche von der Lebensgeschichte des Bonifaz, der *Vita Bonifatii.*"

„Bonifatius?" Den Namen hast du schon einmal gehört. „Der Apostel der Deutschen? Ist das der, der die Donar-Eiche der Germanen fällte?"

„Genau derjenige." Koloman Buchinger sieht dich merkwürdig an. Nein, er sieht dich eigentlich nicht an, er sieht durch dich hindurch.

„Jetzt gebe ich dir etwas zu überlegen", sagt er langsam. „Dasselbe hab' ich übrigens auch dem Bürgermeister erzählt. Wort für Wort. Also, gib gut Acht: Bonifaz war achtzig, als er starb. Und woran ging er zu Grunde? An Altersschwäche? Herzversagen? Einem Schlaganfall?"

Du zuckst die Achseln. Wie sollst du wissen, auf welche Weise so ein alter Heiliger sein Leben beendete? Aber Buchinger hat auch gar keine Antwort von dir erwartet. Er ist aufgestanden und geht zwischen seinen Regalen auf und ab. „Bonifaz wurde erschlagen. Die Ursache seines Todes ist bekannter als die Geschichte seines Lebens – wie bei so vielen Heiligen. Doch gerade die Lebensgeschichte ist an Bonifaz das Interessante! Man muss sie nur genau lesen. Vor allem muss man zwischen den Zeilen lesen! Es heißt, der

Bischof sei im besten Mannesalter gewesen, als er den Tod fand. Ich wiederhole: im besten Mannesalter! Bonifaz war achtzig, als er aufbrach, um die Friesen zu missionieren, wohlgemerkt: acht-zig Jahre! Ich frage dich, ist es normal, dass ein Mann in diesem Alter zu einem großen Abenteuer aufbricht? Die Lebenserwartung für Männer lag damals bei vierzig, fünfundvierzig Jahren. Bonifaz war also bereits doppelt so alt wie die meisten seiner Zeitgenossen. Doch er zeigte kein Anzeichen von Müdigkeit oder Schwäche, wie wir wissen. Nein, er strotzte vor Kraft und Gesundheit! Was können wir daraus schließen?“

Wieder zuckst du die Achseln.

„Ich werde es dir sagen. So wie ich es dem Bürgermeister gesagt habe. Vermutlich hatte dieser Bonifatius“, Buchinger senkt die Stimme zu einem Flüstern, „ein Geheimrezept; ja, ein Länger-leben-Rezept. Davon bin ich beinahe überzeugt! In diesem Buch, das jetzt verschwunden ist, steht möglicherweise geschrieben, welche Mittel es waren, die den alten Knaben so gesund und munter hielten, bevor ihm die Friesen das Lebenslicht ausbliesen. Vielleicht waren es irgendwelche Elixiere? Bestimmte Heilkräuter? War es seine Ernährung? Ein spezieller Morgensport? Wenn die Gallier ihren Zaubertrank hatten, warum nicht auch die Kelten aus dem angelsächsischen Raum? Ein Fitness-Müsli? Anti-Aging-Salben? Wurzeln? Pilze? Schlammpackungen? Oder alles zusammen?“ Ein Experte sollte das Buch sogleich aus dem Lateinischen übersetzen. Vorher müssen wir es natürlich finden. Weiter bei **16**.

16

„Und dasselbe haben Sie auch dem Bürgermeister erzählt, Herr Buchinger?"

„Wort für Wort."

„Und ...? Wie hat er reagiert?", fragst du gespannt.

Koloman Buchinger sieht dich lange an und du bemerkst den Triumph in seinen Augen. „Es hat ihn umgehauen, sag ich dir! Vom Stuhl geworfen! Als ob ihn der Blitz getroffen hätte. Oder der alte Bonifaz gefällt! Dann ist er aufgesprungen und hat mich an den Rockaufschlägen gepackt. Buchinger, hat er geschrien, Buchinger, sagen Sie mir eins – ich frage Sie im Namen der Bürger unserer Stadt: Kennen Sie das Länger-leben-Rezept?"

„Und? Kennen Sie's?"

„Ich habe erst ein Drittel des Buches gelesen", weicht Buchinger aus. „Es ist alles in lateinischer Sprache abgefasst. Als ich ihm das erklärte, hat er mich endlich wieder losgelassen und ist zum Telefon gerannt. Es ist ihm wohl klar geworden, dass das Buch bedeutsam ist und nicht der Buchinger. Er hat auf der Stelle drei Zeitungen angerufen. Ich kann dir sagen, es wird eine Riesen-Suchaktion geben, eine Suche, die alles in den Schatten stellt. Heute Morgen konnte man schon darüber etwas lesen. ‚Eine Stadt sucht ein Buch', hieß die Schlagzeile der *Tagespost.*"

Weiter bei **17**.

17

Du darfst gar nicht an dein Referat denken, sonst bekommst du Bauchschmerzen. Schon jetzt hast du Stoff genug für zwei Stunden Redezeit. Und so, wie es aussieht, wird es immer mehr. Buchinger ist noch immer nicht fertig mit seinem Bonifatius-Thema.

„Ich behaupte also – wie einige Experten auch –, dass dieses alte Exemplar eine geheime Rezeptur für ewige Jugend enthält. Die Menschen sind süchtig nach Rezepten, nach Anleitungen und Heilslehren, sag ich dir. Wer heute ein langes Leben versprechen kann, der wird zum Guru, dem laufen die Anhänger in Scharen zu und nach. Die Medien stürzen sich auf ihn. Es gibt Leute, die würden alles geben, um so ein Buch zu finden und zu entschlüsseln. Da ist eine Menge Geld im Spiel. Die Hersteller von Nahrungsmitteln, die Pharmakonzerne, die Kosmetikindustrie, Buchverlage, Zeitungen, Fernsehsender ... sie alle werden hinter unserem Bonifaz herjagen. Und sie werden keine Kosten scheuen, weil sie sich ein Riesengeschäft erwarten! Denn wenn dieses Buch hält, was es anscheinend verspricht, lässt sich das investierte Geld wieder tausendfach hereinbringen. Denk nur an die alte Hildegard von Bingen mit ihrer Naturheilmethode! Die ist ein Dauerbrenner in jeder Bücherei."

„Hat der alte Bonifaz seine Lebensgeschichte selbst niedergeschrieben?"

Buchinger schüttelt den Kopf. „Nein, das hat er nicht. Aber angeblich hat er sie mehreren Schülern diktiert. Einer dieser Schüler kam aus Irland. Seine Bonifaz-Biografie ist die interessanteste. Dieser Mann konnte und wollte seine Herkunft nicht leugnen. Er vermischte uraltes keltisches Wissen aus seiner Heimat mit der christlichen Heilslehre. Oder anders ausgedrückt, er hat alles auf seine Weise ausgelegt. Hat das Leben des Bonifaz, der eigentlich Winfried hieß, mit alten Legenden ergänzt und mit dem Gedankengut der Kelten ausgeschmückt. Genau das ist unsere Version; das Buch, das jetzt verschwunden ist!"

„Da ist er aber bestimmt angeeckt, dieser Bonifaz-Schüler aus Irland?"

„Und wie! Einigen frommen Leuten hat das ganz und gar nicht in den Kram gepasst. In den Augen vieler Christen waren die Kelten nämlich barbarische Heiden. Das Buch wurde verboten und mit einem Bann belegt. Es sollte vernichtet, ausgelöscht, verbrannt werden, sollte für immer und ewig verschwinden, bevor es irgendwelchen Lesekundigen in die Hände fallen konnte. Die Urschrift, von unschätzbarem Wert, ging tatsächlich verloren. Doch eines Tages tauchte eine Abschrift auf. Mehrere hundert Jahre war dann auch dieses Buch verschollen; in Wirklichkeit stand es wohl an einem geheimen Ort an verborgener Stelle. Für lange Zeit durften sich die Gegner des Buches als Sieger fühlen. Doch bevor die alten Seiten zu Staub und Asche zerfielen, hat wieder irgendein kluger Mönch das Buch gerade noch rechtzeitig abschreiben können – oder zumindest Teile davon –, verbotenerweise."

„Aber warum sollte jemand diese Gefahr auf sich nehmen?"

„Weil dieser Jemand überzeugt war, dass das Buch wichtig sei. Dass es für die Nachwelt erhalten bleiben müsse."

„Wegen des Länger-leben-Rezepts?“

„Vielleicht deswegen, vielleicht aus einem anderen Grund. Dieses Buch scheidet die Geister. Wer es gelesen hatte, war begeistert davon – oder lehnte es ganz entschieden ab. Es wurde in den Himmel gehoben und es wurde verteufelt. Ein geheimer Machtkampf tobte jahrhundertelang um diese rätselhafte Lebensgeschichte des Bonifaz, ein Kampf, der anscheinend bis heute andauert.“

„Wie viele Exemplare gibt es denn davon?“

„Ganz wenige, vermute ich. Vielleicht ist unseres das einzige? Kann sein, dass der Verfasser selbst eine Abschrift anfertigte. Wenn ja, hat er sie vielleicht nach Irland mitgenommen. Ich glaube nicht recht daran. Wir wissen ja nicht, ob er überhaupt nach Irland zurückkehrte. Wir wissen nichts über ihn, nicht einmal seinen Namen. Ich vermute, dass unser Buch in irgendeiner Klosterbücherei in Mitteleuropa stand. Versteckt, verborgen, getarnt in einem falschen Umschlag, für Jahre, Jahrzehnte, Jahrhunderte.“ Weiter bei **18**.

18

Buchinger redet sich immer mehr in Eifer. Seine Wangen sind gerötet, sein graues Haar ist zerrauft und steht in allen Richtungen vom Kopf ab. Wie ein Missionar sieht er aus in seiner Begeisterung.

„Irgendwann und irgendwie gelangte diese *Vita Bonifatii* auf geheimnisvolle Weise in unsere alte Pfarrbücherei. In die Bücherei, die es längst nicht mehr gibt. Vor kurzem, so sehe ich das, kam nun ein kluger Kopf dahinter, dass die-

ser Schatz von einem Buch auf einem staubigen Regal im Hinterzimmer der städtischen Bücherei aufbewahrt wird. Nennen wir diesen klugen Kopf ‚das Phantom'. Und jetzt lass ich einmal meine Fantasie spielen: Unser Phantom dachte vielleicht, dieses Buch voll keltischem Witz und voll Weisheit, von einem irischen Mönch geschrieben, müsse heimkehren. Es müsse seinen Platz von Rechts wegen in Irland haben und nicht in der muffig riechenden Bücherei einer Kleinstadt in der Nähe eines Klosters, in dem die Gebeine eines anderen irischen Heiligen aufbewahrt werden, den man nicht allzu weit weg von hier an einen Baum geknüpft hat." Weiter bei 19.

19

„Das Phantom könnte also das Buch gekidnappt haben, nein, gebooknappt! Ein Buch außer Landes zu schmuggeln ist nicht schwierig. Möglicherweise ist unser altes Buch bereits in Irland. Dann haben wir so gut wie verloren. Vielleicht aber ist es noch nicht zu spät. Allerdings kommt noch ein Problem dazu: Wir wissen nicht, was der Booknapper mit dem Bonifaz-Buch vorhat. Will er es nur als Schmuckstück auf ein Regal stellen? Will er es rasch zu Geld machen? Will er es übersetzen und nachdrucken lassen, viele tausend Male? Vielleicht plant auch er das große Geschäft wie unser Bürgermeister, frei nach dem Motto ‚Für immer jung nach der Lehre des Bonifaz'?"

Das hört sich nach einem spannenden Wettlauf an, nach einem Wettlauf mit ungewissem Ausgang. Was der Biblio-

thekar erzählt, klingt irgendwie einleuchtend. „So könnte es gewesen sein“, nickst du.

„So – oder auch ganz anders“, lächelt Koloman Buchinger. Weiter bei 20.

20

„Was sollen wir tun?“

„Das fragst du? Wir sollten das Buch suchen.“

„Aber wo? Früher finden wir eine Nadel in einem Heuhaufen!“

„Wir werden das Orakel befragen“, flüstert Buchinger geheimnisvoll. „Ich sage nur ein Wort: Bibliomanthie!“

„Biblio-was?“

„Biblio-man-thie. Däumeln.“

Buchinger hat sich bestimmt versprochen. „Taumeln“, sagst du. „Es heißt *taumeln.* Aber wieso sollen wir taumeln?“

„Es heißt *däumeln.* Du wirst die Seiten über den Daumen laufen lassen. Und dann das Buch an einer bestimmten Stelle aufschlagen.“

„Und welches Buch soll ich aufschlagen?“

Buchinger blickt sich suchend um. Anscheinend findet er das Gewünschte nicht. „Nimm dieses“, sagt er schließlich und holt einen Band von seinem Schreibtisch. Du siehst, dass er noch neu ist. Der Umschlag ist nicht mit Folie überzogen, Nummer und Kennzeichnung fehlen.

„Das Buch heißt *Die Bibliothek.* Die Seiten sind nicht nummeriert. Anstelle der Seitenzahlen gibt es Würfelbilder, Seite für Seite Würfelbilder. Und jetzt hör gut zu: Ist auf der

Seite, die du aufgeschlagen hast, ein Würfelbild mit gerader Augenzahl, beginnst du die Suche auf dem Bücherflohmarkt. ‚Würfelst' du aber eine ungerade Zahl, gehst du zunächst in das Antiquariat in der Fußgängerzone. Wir beginnen hier in der nächsten Umgebung mit unserer Suche. Und sollte es notwendig sein, werden wir sie immer weiter ausdehnen."

Weiter bei **21**.

21

Der Bibliothekar drückt dir ein Buch in die Hand. Neugierig betrachtest du es. Auf dem Umschlag sind viele Bücher abgebildet, Rücken an Rücken stehen sie auf Regalen. Und irgendwo zwischen den Büchern erscheint eine Hand, die sich von hinten nach vor schiebt, als wollte sie ein kleines Fenster in der Bücherwand öffnen.

„Darf ich dieses Buch ausleihen?"

Die Antwort des Bibliothekars überrascht dich. „Auf keinen Fall", sagt Buchinger entschieden.

Du glaubst, dich verhört zu haben. Mit einem Nein hast du nicht gerechnet. „Dies hier ist doch eine Leihbücherei oder liege ich da falsch?"

„*Die Bibliothek* gehört nicht der Bibliothek. *Die Bibliothek* ist mein Privateigentum! Und ich verleihe dieses Buch nicht", sagt Buchinger schroff. „Basta!"

Wer soll das verstehen? Der Mann war bis jetzt immer freundlich. Und auf einmal ist er so abweisend!

„Warum nicht?", fragst du.

„Du könntest sonst, wie soll ich sagen, hinter gewisse Dinge kommen.“

„Hinter welche Dinge?“

„Dinge, die niemand zu wissen braucht. Glaub’ mir, es ist besser so.“

Du sagst vorerst nichts darauf. Du merkst, dass du nicht weiter fragen darfst. Sonst verspielst du das ganze Vertrauen des Bibliothekars, das du bisher mühsam aufgebaut hast. Anscheinend hast du eine wunde Stelle berührt. Trotzdem: Du bist sauer. Wenn der Bibliothekar dir *Die Bibliothek* nicht leihen will, dann wirst du sie eben kaufen! Diesen Gedanken behältst du aber vorläufig für dich. Weiter bei 22.

22

Schon willst du eine Seite in dem neuen Buch aufschlagen. „Halt! Warte! Da ist noch etwas, was du wissen solltest“, sagt Koloman Buchinger. „Ich bin in den nächsten Tagen nicht erreichbar, habe anderswo Verpflichtungen. Aber wir bleiben über meine V-Leute in Verbindung. Ich habe Helfer und Helfershelfer. Mit einem von ihnen wirst du dich treffen und ihm vom Ergebnis deiner Suche berichten.“

Du schaust den Bibliothekar forschend an. Meint er es ernst? Manchmal, wenn du über das Projekt Bonifaz nachdenkst, kommt dir alles völlig verrückt vor. Dann wirst du den Verdacht nicht los, dass alles nur der wirren Fantasie eines Bibliothekars entsprungen ist, der in seinem langen Leben einfach zu viel durcheinander gelesen hat. Ein Hirngespinst Koloman Buchingers, der seinen Kopf mit einer

Überdosis von Romanen vergiftet hat. Er benimmt sich so seltsam, spricht so seltsam ... Oder macht er sich bloß einen Spaß aus der ganzen Geschichte? Auf Kosten anderer Leute? Doch du hast dich entschieden, dieses Spiel mitzuspielen. Du hast ja nichts zu verlieren.

„Wie werde ich die Kontaktperson erkennen?“, fragst du. Buchinger hebt den Zeigefinger und verkündet wie ein Prophet: „An ihren Büchern sollst du sie erkennen! Woran sonst? Du wirst dich mit jemandem treffen, der ein Buch in der Hand hält. Achte auf den Titel! Das Buch heißt *Wer war es wirklich?* Hier, in dieser Bibliothek, wirst du ihm begegnen – oder ihr. Du kannst ihr vertrauen – oder ihm.“

Du nickst seufzend. Dann nimmst du ungeduldig *Die Bibliothek* zur Hand, lässt die Seiten endlich über deinen Daumen laufen und schlägst das Buch auf. Was werden die Würfel zeigen?

Gerade Augenzahl: 
Auf zum Bücherflohmarkt! Weiter bei 40.

Ungerade Augenzahl: 
Auf ins Antiquariat! In den Laden mit den alten Büchern! Weiter bei 30.

23

Eigentlich kannst du es als Auszeichnung betrachten. Buchinger bringt dir großes Vertrauen entgegen. Dass er dich nach so kurzer Bekanntschaft schon einlädt, die Bibliothek zu bewachen ...

Du bist jetzt allein, aber du fühlst dich nicht einsam. Neugierig siehst du dich um. Mark Twain lehnt da drüben auf einem Regal und zwei Reihen darunter Astrid Lindgren. Felix Mitterer und Erwin Moser sind da, Christine Nöstlinger, Otfried Preußler, Käthe Recheis ...

Ab und zu glaubst du ein leises Geräusch zu hören, so, als würde eine einzelne Seite aufgeschlagen, aber bestimmt täuscht du dich. Vielleicht liegt auch irgendwo ein aufgeschlagener Band, in dem der Wind blättert, der sanft durch das offene Fenster im Hinterzimmer streicht. Du hast inzwischen herausbekommen, warum die alte Tür tagsüber immer offen steht und das Fenster im hinteren Hinterzimmer: Es gibt keine andere Möglichkeit den Raum zu belüften. Die Luft in dem alten Gebäude wäre so feucht, dass sie den Büchern schaden würde.

Da ist es wieder, dieses eigenartige Knarren der Eingangstür. Wie sollst du dich verhalten? Was tun? Deutlich hörst du diesmal Schritte – und beschließt dich hinter ein dicht bestücktes Regal zurückzuziehen; so zu tun, als würdest du ein bestimmtes Buch suchen. Dabei wirst du Augen und Ohren offen halten! Langsam lernst du die Vorteile einer Leihbücherei schätzen. Für einen Undercover-Agenten, der verdeckt ermittelt, ist sie geradezu die ideale Umgebung. Du kannst beobachten, ohne selbst gesehen zu werden. Du bist da und bist vielleicht doch nicht da. Dein Körper ist anwesend, aber deine Gedanken kannst du auf Reisen schicken. Du kannst aber auch so tun, als wärst du abwesend. Sollte dich jemand zur Rede stellen, kannst du jederzeit behaupten, in ein packendes Buch vertieft gewesen zu sein. Sollte dich jemand fragen, kannst du erklären, nichts gehört, nichts gesehen zu haben, nicht bemerkt zu haben, was rund um dich vorgeht. Und du kannst dich hier genau so unauffällig mit jemandem treffen wie in einer Kirche oder in einem Museum. Weiter bei **24**.

24

Es sind eindeutig Männerschritte, die sich nähern, aber es sind nicht die zielstrebigen Schritte Koloman Buchingers. Diese Schritte hören sich an, als wäre der Besucher noch nicht oft hier gewesen – suchend, irgendwie unsicher. Umso mehr überrascht es dich, als du plötzlich eine Stimme hörst, die eindeutig einer Frau gehört. Eine Frau, die wie ein Mann auftritt? Ein Mann mit der Stimme einer Frau? Doch weder eine Frau noch einen Mann kannst du von deinem Platz aus sehen. Du bleibst sitzen, ohne dich zu rühren, das erstbeste Buch aufgeschlagen auf deinem Schoß. Und du spitzt die Ohren ...

„Willi? Du?“ Zwei Worte nur; sie klingen freundlich, doch das Erstaunen ist deutlich herauszuhören.

„Ja, ich ...“ Auch diese Stimme klingt verdutzt, fast verstört. Es ist eine Männerstimme, die du schon einmal gehört hast. Und messerscharf schließt du, dass diese Stimme dem gehören muss, der eben erst die Bibliothek betreten hat. Das heißt aber, du warst gar nicht allein hier in der Bücherei! Außer dir und dem Besucher war, nein, ist noch jemand hier!

Du hältst den Atem an, spitzt die Ohren. Und ohne es wirklich zu wollen, wirst du heimlich Zeuge eines merkwürdigen Zwiegesprächs.

„Hanna? Du ... du bist hier? Na so was!“

Diese Stimme kennst du doch! Angestrengt denkst du nach, und es fällt dir jetzt auch ein: Das ist der Bürgermeister, eindeutig! Bürgermeister Kleewein. Er scheint sich langsam von seiner Überraschung zu erholen.

„Ja, Willi, ich bin’s, wie du siehst. Du erschrickst vor deiner eigenen Frau?“ Ein leises Lachen ist zu hören. „Sehe ich denn gar so schrecklich aus?“

„Nein, nein! Ich ... ich bin nicht erschrocken. Ich bin nur überrascht.“

„Kunststück, wir haben uns ja auch schon länger nicht mehr gesehen. Du hast nicht damit gerechnet, mich hier zu treffen?“

„Nein, das nicht, ich geb’s zu.“

„Und du bist natürlich auch nicht gekommen, um mich hier zu finden?“

„Nein, äh ..., eigentlich nicht. Wie denn, wenn ich gar nicht wissen konnte, dass du hier bist. Ich ... ich wollte diesen Bibliothekar sprechen.“ Der Bürgermeister sieht sich suchend um. Du machst dich ganz klein hinter deinem Buch. „Hast du eine Ahnung, wo ich ihn finde?“

„Na, er kann nicht weit sein. Wahrscheinlich kauft er nur eine Packung Filtertüten für die Kaffeemaschine. Er entfernt sich nur selten weiter als zweihundert Meter von seiner Bücherei. Ich halte hier für ihn inzwischen die Stellung. Koloman, also der Buchinger, wird gleich wieder kommen.“ Weiter bei **25**.

25

Der Bürgermeister räuspert sich. „Sag einmal, Hanna, ich hatte wirklich keine Ahnung ... Kommst du oft hierher, in diese ... Bibliothek?“

„Natürlich. Ich bin eingeschriebenes Mitglied.“

„Ach ja, stimmt. Entschuldige, hab’ ich ganz vergessen. Darf ich dich etwas fragen?“

„Das tust du doch schon die ganze Zeit, Willi.“ Die Stimme der Frau wird hörbar ungeduldig.

„Ich wollte wissen ... Ich meine, vielleicht kannst du mir erklären ..., also gut: Was findest du an dieser Bibliothek? Was findest du an all diesen Büchern hier? Wir haben nie darüber gesprochen. Warum ... ja, warum liest du eigentlich?“

Gute Frage, denkst du. Mit aller Vorsicht greifst du über eine Buchreihe hinweg und drückst die Fingerspitzen zwschen ein paar Bände, um sie ein bisschen auseinander zu schieben. Ein schmaler Spalt zwischen den Buchrücken würde dir genügen, um einen Blick auf das Paar zu werfen, das sich hier so unvermutet getroffen hat. So, jetzt hast du dir ein winziges Fenster in der Bücherwand geschaffen.

Die Frau des Bürgermeisters lässt sich Zeit mit ihrer Antwort. „Ich lese“, sagt sie, und du siehst, wie sie ihrem Mann dabei in die Augen blickt, „ich lese gegen die Einsamkeit.“

„Haha, das ist gut!“ Der Bürgermeister lacht gekünstelt und beginnt zwischen den Regalen auf und ab zu gehen. „Hanna! Du und einsam! Du bist doch nicht einsam! Sicher, die Kinder sind aus dem Haus. Aber du hast immerhin mich, Hanna! Und wir haben einen großen Freundeskreis, wir haben viele Bekannte. Wie kannst du sagen, du wärst einsam?"

„Einsamkeit", sagt die Frau des Bürgermeisters, und ihre Stimme klingt ein wenig bitter, „gibt es auch in mancher Ehe."

Der Bürgermeister hüstelt. „Das mag schon sein", sagt er und setzt seine nervösen Schritte fort, „das will ich gar nicht bestreiten! Aber mein Beruf ist ein Fulltimejob. Du weißt, Hanna, ich habe viele Verpflichtungen. Und du hast gewusst, was auf dich zukommt, als ich Bürgermeister wurde."

„Ich mache dir keinen Vorwurf", sagt die Frau des Bürgermeisters. „Ich gebe dir nur Antwort auf deine Frage. Ich versuche dir zu erklären, warum ich lese."

„Schon gut", sagt der Bürgermeister und setzt seinen Weg entlang des Regals fort. Hoffentlich kommt er nicht auf die Idee, die ganze Bücherei abzuschreiten. Es wäre furchtbar blöd, in dieser Situation als Lauscher ertappt zu werden.

Kleewein bleibt jetzt vor seiner Frau stehen. Nervös trommeln die Finger seiner rechten auf die Knöchel der linken Hand. „Schon gut", wiederholt er. „Ich habe verstanden, Hanna. Du fühlst dich vernachlässigt."

„Würdest du dich bitte irgendwohin setzen", sagt die Frau des Bürgermeisters. „Es ist nicht üblich, in Büchereien ziel- und planlos herumzulaufen."

„Ja, gern, selbstverständlich", antwortet der Bürgermeister, und du hörst, wie er sich einen Stuhl angelt. „Eine Frage noch, Hanna", sagt der Bürgermeister und will sich eine Zigarette anstecken. „Verdammt, gibt es hier keinen Aschenbecher? Das ist doch ein Amtsraum, oder?"

„Siehst du dieses Schild? Auch das Rauchen ist in Büchereien nicht üblich. Ach, Willi! Ich glaube nicht, dass du es spürst, aber Büchereien haben oft eine Aura wie ein geweihter Raum ..."

„Also, Hanna, ich bitte dich! Geweihter Raum! Sei nicht überheblich!" Der Bürgermeister verdreht die Augen. „Muffig riecht's hier, wie in einem alten, modrigen Rübenkeller! Aber noch eine Frage."

„Ja? Wir haben schon lange nicht mehr so viel miteinander gesprochen."

Kleeweins Stimme klingt etwas gereizt. „Angenommen, ein Buch gefällt dir so gut, dass du es selbst gern besitzen würdest ..."

„Dann würde ich es mir kaufen."

„Und wenn es nun ein altes Buch wäre, das es nicht mehr zu kaufen gibt? Ein uraltes, wertvolles Buch, so teuer, dass du gar nicht daran denken könntest, es zu kaufen. Würdest du es ... klauen, Hanna?"

Du spitzt die Ohren. Das sind ja delikate Fragen!

„Ich? Kennst du mich so schlecht?", fragt die Frau des Bürgermeisters. „Was denkst du eigentlich von mir?", ruft sie so heftig, dass ihr Mann zusammenzuckt. Du siehst, wie er den Zeigefinger auf seine Lippen legt. „Nun sei doch nicht gleich so laut!"

Frau Bürgermeister wirkt richtig empört. „Bist du gekommen, um mir solche dämlichen Fragen zu stellen? Es ist sicher keine Kunst, aus einer Bücherei Bücher verschwinden zu lassen, wenn es das ist, was du hören willst. Und es kommt bestimmt immer wieder vor. Aber Bücher zu stehlen ist unfair. Und es wäre absolut bescheuert, wenn ich Bücher aus der öffentlichen Bücherei der Stadt klauen würde, in der mein Mann Bürgermeister ist."

„Ich meine ja nur“, sagt der Bürgermeister beschwichtigend. „Ich will dich doch nicht verdächtigen! War nur eine Frage. Also gesetzt den Fall, ein altes Buch, das sonst nirgends mehr erhältlich ist, würde dir gut gefallen. Gesetzt den Fall, es wäre dir gelungen, das Buch unbemerkt an dich zu nehmen. Die Bücher in unserer Bibliothek sind ja nicht mit Alarmcodes gesichert, so viel ich weiß ...“

„Um ein Buch zu besitzen, genügt es, es gelesen zu haben“, unterbricht Hanna Kleewein ihren Mann. „Falls du verstehst, was ich meine? Ich weiß wirklich nicht, was das alles soll, Willi. Ich weigere mich, auf solche Fragen zu antworten!“ Weiter bei **26**.

26

In diesem Augenblick knarrt das alte Tor. Wieder nähern sich Schritte. Nicht übermäßig in Eile, aber zielstrebig. Der Bibliothekar kehrt zurück. So geht nur einer, der in diesen Räumen zu Hause ist, der sie oft und oft durchmessen hat. Wahrscheinlich könnte er blind jedes Buch finden, vorausgesetzt, dass es an seinem Platz steht.

„Hier bin ich wieder!“, ruft er fröhlich. „Oh, Herr Bürgermeister! So eine Überraschung! Was verschafft uns die seltene Ehre?“

„Mensch, Buchinger“, lacht Willi Kleewein. „Sie reden ja wie jemand aus dem vorigen Jahrhundert.“ Die Frau des Bürgermeisters kannst du durch dein kleines Fenster nicht mehr sehen. Ob sie die Bibliothek inzwischen verlassen hat? Weiter bei **27**.

27

„Es geht um diesen Malefiz, wie Sie sich denken können ...“

„Bonifaz, Herr Bürgermeister: Bonifaz.“

Du spitzt die Ohren. Bonifaz?

„Bonifaz. Von mir aus. Gehen wir also davon aus, dass ...“ Der Bürgermeister wird vom hellen Klingelton eines Mobiltelefons unterbrochen. Hastig zieht er das Handy aus der Jackentasche und wandert in die entfernte Ecke der Bücherei, als ob er dort besseren Empfang hätte. „Kleewein! Ja, ich bin es! ... Wer? Zwei coole Typen vom Magazin *Schlüsselloch*, sagst du? Und sie wollen ein Interview? Es geht um die Bücher? Gut, ich komme ...“

Der Bürgermeister steckt sein Telefon ein und wendet sich wieder dem Bibliothekar zu. „Tut mir Leid, Buchinger! Meine Sekretärin war dran. Sie haben's ja selbst gehört. Es geht schon los. Die Medien haben den Fall aufgegriffen. Wir sprechen uns morgen!“ Und damit ist er draußen.

Buchinger lächelt sein geheimnisvolles Lächeln und hebt in gespieltem Bedauern die Hände. „So“, sagt er. „Zurück zu uns beiden.“ Weiter bei **11**.

28

Du klopfst, doch niemand antwortet. Kurz entschlossen drückst du die Klinke nieder und öffnest die schmale Tür. Der Raum dahinter ist finster. Vergeblich suchst du nach einem Lichtschalter. Erst als du die Tür weit aufmachst, fällt genug Licht hinein, um zu erkennen, dass es sich um

eine Abstellkammer handelt, kaum größer als einen Meter im Quadrat. Sie ist leer – bis auf eine kleine, vierstufige Leiter, die in einer Ecke steht: Aha, das also ist nicht *der*, sondern *die* Bibliotheksleiter, alles klar. Hier haust wohl ein Witzbold!

Wahrscheinlich gibt's hier irgendwo auch eine Erste-Hilfe-Box mit der Aufschrift „Verband der Bibliothekare". Aber es schadet nicht, nachgesehen zu haben, Wer weiß, vielleicht wirst du dein Wissen eines Tages brauchen können ... Du schließt die Tür und gehst geradeaus weiter – zu Abschnitt 3.

29

Langsam bewegt sich der kleine Zeiger deiner Armbanduhr auf die Vier zu. Doch außer dir ist weit und breit kein Benützer der Bibliothek in Sicht. Seufzend lässt du dich auf einer Bank im Hof nieder. Eine weitere Viertelstunde vergeht und noch immer ist niemand aufgetaucht außer einer struppigen, mageren Katze. Sie ist hoffentlich die einzige, die hört, wie du deine Deutschlehrerin leise verfluchst. Länger willst du jetzt nicht mehr warten. Allein und auf eigene Faust wirst du die Bücherei betreten. Weiter bei 2.

30

Aus den Pizzerien strömt der Geruch von überbackenem Käse und Oregano, aus den Imbissstuben der Duft von fri-

schem Gebäck und Kaffee. Hip-Hop-Rhythmus tönt aus den Plattenläden und stimmt dich fröhlich. In der Fußgängerzone herrscht ein lebhaftes Gewusel von jungen Leuten. In das Lachen und Lärmen mischt sich das Rollen von Skateboard-Rädern. Und da flitzt ein Skater auch schon haarscharf an dir vorbei; komisch, er hat ein Buch in der Hand! Ist es das gesuchte? Womöglich die Lebensgeschichte des Bonifaz? Nein, du bist schon total überreizt! Bald wirst du nichts anderes mehr sehen als Bücher ... Du reibst dir die Augen. Es ist schon seltsam! Nie zuvor sind dir in der Fußgängerzone Menschen mit Büchern aufgefallen; höchstens in der U-Bahn oder im Bus. Heute, wo du ein ganz bestimmtes Buch suchst wie die Nadel im Heuhaufen, trägt fast jeder Dritte eins unter dem Arm! Weiter bei 31.

31

Das Rätsel löst sich allerdings von selbst. In der großen Buchhandlung um die Ecke werden als Werbegag Taschenbücher verschenkt, Exemplare, die kleine Fehler haben. Kein Wunder, dass dort der Andrang groß ist. Dafür bist du die einzige Kundschaft im Antiquariat, wie du rasch feststellen kannst. Du hast eben eine blau lackierte Tür mit der Aufschrift ANTIQUARISCHE BÜCHER UND KURIOSA hinter dir geschlossen und bist die Stufen einer ausgetretenen Holztreppe in das Kellergeschoss hinuntergestiegen. Weiter bei 32.

32

Jetzt stehst du in einem dämmrigen Ladenraum. Hier riecht es nicht viel anders als in Buchingers Bibliothek. Doch in diesem Secondhandshop folgen wachsame Blicke deinen Bewegungen, als du auf Regalen und an den Wühltischen zu stöbern beginnst. Die Verkäuferin lässt dich nicht aus den Augen. Hat sie schlechte Erfahrungen gemacht? Oder liegt es an dir? Siehst du heute nicht vertrauenswürdig aus? Als ob du jemand wärst, der Bücher klaut!

Der ganze Laden ist voll gestopft mit dem üblichen Plunder, den man in Antiquitätengeschäften findet. Alte Schränke, Tische, Stühle, Spiegel, Uhren, dazwischen, darauf und darunter aber Bücher, Bücher auf fast jedem Quadratzentimeter.

„Kann ich dir helfen?“

„Ich will mich nur ein wenig umsehen.“ Regal für Regal nimmst du dir vor, Buchrücken um Buchrücken, und die Verkäuferin weicht dir nicht von der Seite. Aber du musst sie enttäuschen. Du wirst ihr nichts abkaufen. Die meisten Bücher hier im Antiquariat sind fünfzig, sechzig Jahre alt. Am Umschlag und an der Schrift lässt sich das erkennen. Du hast inzwischen einen Blick dafür. Das älteste Buch, das du findest, ist 1911 gedruckt worden. Die Lebensgeschichte des Bonifaz müsste älter sein, viel älter.

Als du sicher bist, den ganzen Laden abgeklappert zu haben, wendest du dich doch noch an die Verkäuferin: „Ich bin auf der Suche nach einer alten Biografie. Nach der Lebensgeschichte des Bonifatius.“

Sie schüttelt den Kopf. „Bonifatius? Haben wir nicht.

Ich bin Buchhändlerin. Ich müsste es wissen." Der Ton lässt keinen Zweifel aufkommen. Du hast es befürchtet. Fehlanzeige! Weiter bei **33**.

33

„Äh, noch eine Frage: Sagt Ihnen das irgendwas?" Du ziehst den kopierten Zettel mit dem sonderbaren Text aus der Hosentasche.

„Lass mal sehen!"

Die Buchhändlerin streicht sich das hennarote Haar aus der Stirn und liest halblaut: „*Du wirst Verschlingungen erkennen von solcher Feinheit und Zartheit, solcher Gedrängtheit und Dichte, solcher Fülle an Knoten und Zwischengliedern, mit so frischen und glänzenden Farben, dass du glauben könntest, das alles sei nicht das Werk eines Menschen ...*" Sie pfeift durch die Zähne. Dir kommt vor, dass sie dich auf einmal mit anderen Augen ansieht. „Hey, wo hast du das denn her?"

„Ich hab' es kopieren lassen. Eine einzelne Seite ..."

„Also, der Text ist erstens ziemlich alt, und so wie ich das verstehe, geht's da zweitens um Sex."

Du starrst sie überrascht an. „Sind Sie sicher?"

„Da kannst du Gift darauf nehmen! Mein Freund hat Vorlesungen für Mittelhochdeutsch besucht. Uni Tübingen. Ich kenn' mich aus bei solchen Stellen! Da geht's fast immer um Sex, in verschlüsselter Form. Wenn du das ganze Buch bringst, mach ich dir einen guten Preis!"

Verschlüsselter Sex? Du bedankst dich etwas verwirrt

und willst schon gehen. Da fällt dein Blick auf ein gelbes Plakat an der Innenseite der Tür. *Woche der Bücher* verkündet die Überschrift in Balkenlettern. In der Nachbarstadt ist in den kommenden Tagen eine Buchwoche? Interessant. Das solltest du dir merken. Vielleicht wirst du dort fündig. Der Besuch eines Schriftstellers steht auf dem Programm, eine Autorenlesung im Gymnasium, und ein Kurs für Bibliothekare. Den Namen des Autors, der dort lesen soll, hast du allerdings noch nie gehört. Er ist schwierig auszusprechen. Doch irgendwie fühlst du, dass dich dieser Hinweis entscheidend weiterbringen könnte. Du wirst ihn auf alle Fälle notieren. Warst du eigentlich schon auf dem Bücherflohmarkt? Nein? Wenn nicht, geht die Geschichte bei Abschnitt 40 für dich weiter. Wenn du dich aber dort schon umgesehen hast, lies weiter bei 36.

34

Nach kurzer Zeit bist du am rechten Ort, hast du dein Zwischenziel erreicht. An einer Tür ist mit Klebeband ein Zettel befestigt: *Schulbibliothek – Heute Autorenlesung – Geschlossene Veranstaltung – Bitte nicht stören!*

Willst du trotzdem die Tür öffnen? Ja? Weiter bei 45.

Nein, du hältst dich vorschriftsmäßig an die Bitte. Weiter bei 35.

35

Etwa eine halbe Stunde wartest du vor der geschlossenen Tür. Ab und zu hörst du undeutlich eine dunkle Männerstimme, die aus dem Raum dahinter kommt, dann wieder ein paar hellere Stimmen, die offenbar irgendwelchen Schülerinnen oder Schülern gehören. Doch einzelne Wörter oder gar Sätze kannst du nicht verstehen, weil jetzt eine Putzfrau mit dem Staubsauger den Pausenraum gründlich reinigt. Dann wird plötzlich die Tür von innen aufgerissen und eine johlende Schar Jugendlicher drängt aus der Schulbibliothek. Du bringst dich im letzten Moment hinter einem riesigen Philodendron in Sicherheit, bevor dich die Schüler über den Haufen rennen. Von der Autorenlesung hast du leider nichts gehabt. Schade, möglicherweise sind dir ein paar wichtige Informationen entgangen!
Weiter bei 48.

36

Also, bis jetzt war deine Suche nicht erfolgreich. Doch so schnell gibst du nicht auf. Das „Projekt Bonifaz“ hat seinen eigenen Reiz. Ein Blick auf den Kalender macht dir klar, dass dein nächster Besuch in der alten Bibliothek fällig ist. Buchinger wirst du diesmal nicht antreffen; er hat dir ja erklärt, dass du mit einer Vertrauensperson Kontakt aufnehmen sollst. Wer wird es sein? Eine Person, die du kennst?
Weiter bei 37.

37

Du schlenderst Richtung Rathaus, gehst durch den Arkadenhof, kommst an dem gelben Container vorbei. Es ist kurz vor vier. Du bist pünktlich. Sogar geduscht und richtig gepflegt hast du dich heute. Das Messingschild an der Giebelseite des uralten Hauses ist auch frisch poliert. *Städtische Bücherei, Öffnungszeiten Mittwoch, Freitag und Samstag von 16 bis 18 Uhr oder gegen Voranmeldung.* Das Holztor steht einen Spalt breit offen – wie immer. Du gibst dir einen Ruck und betrittst die Bibliothek.
Weiter bei 38.

38

Leicht nervös, aber voller Erwartung trabst du zwischen den Regalen auf und ab und behältst deine Uhr im Auge. Ein bisschen mulmig ist dir schon. Es ist deine erste richtige Verabredung in einer Bibliothek, oder? Du hast keine Ahnung, worauf du dich da einlässt, mit wem du dich eigentlich treffen wirst, mit einer jungen Frau oder einem alten Mann, einem pickeligen Jungen oder einem bildschönen Mädchen. Oder umgekehrt? Es gibt nicht den kleinsten Hinweis, wie er oder sie aussieht, aber du bist Optimist und rechnest mit dem Besten. Euer einziges Erkennungszeichen wird ein Buch sein, wenn es stimmt, was Buchinger gesagt hat. Weiter bei 39.

39

Dann endlich wird das knarrende Holztor aufgedrückt – und du fällst beinahe in Ohnmacht! Im Vorraum der Bibliothek steht – Verena Russmann. Die hat dir gerade noch gefehlt! Hoffentlich geht sie bald wieder. Deine Deutschlehrerin brauchst du am wenigsten als Augenzeugin für dieses Date!

Doch Frau Russmann scheint viel Zeit zu haben. Sie stöbert ein bisschen, blättert, liest, nimmt hier ein Buch aus dem Regal und dort, nicht ohne das vorherige wieder zurückgestellt zu haben. Doch eines hält sie die ganze Zeit unter dem Arm, so, als sei sie entschlossen, es mitzunehmen.

Endlich fasst du dir ein Herz: „Herr Buchinger ist heute nicht da, wie Sie sicher wissen. Darf ich fragen, welches Buch Sie ausleihen möchten?"

Bereitwillig zeigt die Lehrerin das Buch her, das sie in den Händen hält. Vor Überraschung möchtest du aufschreien, doch es gelingt dir gerade noch, dich zu beherrschen. Das Buch trägt den Titel *Wer war es wirklich?* Das vereinbarte Kennzeichen! Die Parole!

„Leichte Kost", murmelst du nach einer Schrecksekunde, nicht ohne Stolz, dass du dir mittlerweile ein Urteil über Bücher zutrauen kannst.

„Stimmt", lächelt Frau Russmann, „25 Kurzkrimis; leichte Kost, gerade das Richtige für deine Klasse. Sag mal, angeblich sollen Bücher aus dieser Bibliothek verschwunden sein. Weiß man schon was darüber?"

Bedauernd hebst du die Hände. „Bis jetzt nicht. Leider.

Aber wir sind auf der Suche. Ich werde in meinem Referat darüber berichten."

„Gut so", nickt Frau Russmann. „Ich sehe, du bleibst am Ball. Was genau hast du vor?"

Du erzählst von dem gelben Plakat im Secondhandshop, das du zufällig gesehen hast, und von der *Woche des Buches* in der Nachbarstadt. Dass du dich dort ein wenig umsehen und umhören wirst. Frau Russmann hat von dieser Veranstaltung zwar nichts gehört, aber sie findet deine Idee prima. „Tja, und welches Buch wirst du dir heute ausleihen?", will sie noch wissen, bevor sie sich zum Gehen wendet.

„Erfindungen und Experimente", gibst du bereitwillig Auskunft und holst den blaugrauen Leinenband vom roten Regal.

„Puh, das klingt ja beinahe gruselig", stellt Frau Russmann fest und zieht eine Grimasse. „Ich hoffe, du lässt die Schule nicht in die Luft fliegen!"

„Keine Angst!", antwortest du. „Bei dieser Schrift fallen mir vor Anstrengung nach fünf Minuten die Augen zu. Und eigentlich interessiert mich nur ein Kapitel: *Experimente mit Zeit und Raum* ..."

Kopfschüttelnd suchst du nach deiner Jacke. Du hast eine neue Erfahrung gemacht: Die Russmann kann ja richtig nett sein ... Weiter bei **50**.

40

Der Bücherflohmarkt ist ein guter Tipp, denkst du. Kann ja sein, dass jemand die geklauten Bücher schnell zu Geld machen will. Vielleicht hat der Booknapper gar keine Ahnung, wie wertvoll die Bücher sind? Vielleicht ist er gar nicht so clever, wie Buchinger denkt? Vielleicht war es jemand, der zufällig in die Bibliothek reinschneite und mitnahm, was er tragen konnte? Dann hat er die vier alten Schwarten wahrscheinlich schon bei einem dieser fliegenden Händler losgeschlagen. Mit ein bisschen Glück könntest du bereits heute Erfolg haben.

Du machst dich an die Arbeit und wühlst dich durch das Angebot. Stapel für Stapel siehst du durch. Deine Fingerkuppen sind schon ganz trocken und vom Staub grau verfärbt. Zum Glück haben die meisten Händler ihre Schätze vor sich auf Klapptischen aufgebaut, sodass du dir schnell einen Überblick verschaffen kannst. So viel Interessantes gibt es da zu sehen: ein schmales Bändchen aus dem Jahr 1929 über Drachen, ein altes Buch über Roboter, eine Flötenschule, abgegriffene Krimis, Wanderbücher, Ratgeber für Haus und Garten, spottbillige Paperbacks. Immer wieder musst du dich losreißen, musst du dich erinnern, dass du ja auf der Suche nach einem ganz bestimmten Buch bist. Du findest Titel, die du in deinem Leben noch nie gehört hast, von Autoren, deren Namen dir völlig fremd sind, Bücher, über die einmal gesprochen wurde, die vielleicht Bestseller waren, die verschlungen wurden; heute liegen sie hier auf dem Flohmarkt, vergilbt, verstaubt und vergessen. In Schachteln stapeln sich ganze Berge von schmuddeligen Groschenromanen. Auch alte Zeitschriften und Magazine gibt es haufenweise zu kaufen, Comics, Rätselhefte, Illustrierte, ganze Jahrgänge von Zeitungen. Als du in der Hosentasche nach deiner Geldbörse tastest, raschelt es.

Du fühlst ein zusammengeknülltes Stück Papier zwischen deinen Fingern. Es ist die Kopie der geheimnisvollen Botschaft. Die hättest du beinahe vergessen!
Weiter bei 41.

41

„Stell dir vor, diese Bücher hier mussten alle irgendwann einmal geschrieben werden", hörst du eine Stimme. Sie kommt dir bekannt vor. Rasch drehst du dich um. Hinter dir ist ein großer, schlaksiger Mensch aufgetaucht, eine seltsame Erscheinung mit langen Armen, langen Beinen, grauen Augen, buschigen, grauen Brauen, wirrem, grauem Haarschopf und grauem Stoppelbart. Koloman Buchinger steht da und lächelt sein seltsames Lächeln. Was macht der denn hier? Will er dich überwachen? Er hatte sich doch für ein paar Tage verabschiedet?

„Stell dir vor, wie ungeduldig jeder Autor auf das Erscheinen seines Buches, eines jeden einzelnen Buches hier, wartete, fast so, als würde sein eigenes Kind geboren werden. Stell dir vor, welche Erwartungen er hatte, welchen Erfolg er sich erhoffte, wie er, war das Buch endlich gedruckt, verliebte Widmungen in seine Bücher schrieb. Stell dir vor, wie er dann auf die Verkaufszahlen, die erste Abrechnung, den ersten Scheck wartete, wie er sich über Kritiken ärgerte, wie dann, früher oder später, der Absatz ins Stocken kam, das Buch in Vergessenheit geriet, auf irgendwelchen Regalen verstaubte, ‚vergriffen' war und nicht mehr neu aufgelegt wurde ..."

Anscheinend hat Buchinger schon tüchtig eingekauft: Unter dem Arm hält er ein halbes Dutzend Bücher. „Ich komme gern hierher", gesteht er, als ob er seine Anwesenheit erklären müsste. „Immer wieder finde ich was Brauchbares. Sieh mal, eine gebundene Ausgabe von den *Dubliners*, wie neu, fast geschenkt ..."

Dann wendet er dir den Rücken zu. Er hat einen Stand mit alten Reisebüchern gefunden. „Viel Glück bei der Suche! Mach's gut!", ruft er dir noch nach. Im nächsten Moment ist er wie vom Erdboden verschluckt.

Du hast inzwischen unter den Händlern einen Typen entdeckt, der aussieht, als würde er wirklich was von Büchern verstehen. Er trägt eine runde Nickelbrille, hat lange, blonde Haare, die weit über die Schultern fallen, einen langen, blonden Bart. Seine nackten Füße stecken in flachen Ledersandalen. Und würde er in einem Fass wohnen, könnte man ihn für einen Philosophen halten. Vielleicht weiß er Näheres? Du stellst ihm deine Frage. Weiter bei 42.

42

Nein, die Lebensgeschichte des heiligen Bonifaz ist ihm nicht untergekommen; davon hat er noch nie gehört, gar nichts weiß er darüber, aber den geheimnisvollen Text will er sich gern ansehen. Du ziehst die gefaltete Kopie aus der Tasche und reichst ihm den Zettel. Schweigend wartest du, während er halblaut liest: *„Du wirst Verschlingungen erkennen von solcher Feinheit und Zartheit, solcher Gedrängtheit und Dichte, solcher Fülle an Knoten und Zwischengliedern,* *mit so frischen und glänzenden Farben, dass du glauben könntest, das alles sei nicht das Werk eines Menschen ...* ‘Hm. Also, das ist ziemlich alt, kann ich dir sagen, aber so wie ich das verstehe, geht’s dabei um’s Essen, um irgendein Mahl, ein kunstvoll zubereitetes Gericht, so eine Art mittelalterlicher Spagetti würde ich sagen. Die Verschlingungen bringen mich drauf. Ja, das ist garantiert aus einem alten Kloster-Kochbuch. Solltest du das gute Stück finden, aus dem diese Seite stammt, bringe es vorbei! Ich mach dir einen guten Preis!“ Weiter bei 43.

43

Schließlich hast du alle Buchverkäufer auf dem Flohmarkt abgeklappert, alle Titel durchgesehen. Eine *Vita Bonifatii* oder so ähnlich war nicht darunter. Um ehrlich zu sein: Du hast auch nicht so recht daran geglaubt. Der nächste Flohmarkt findet erst in einem Monat statt. Ein paar Händler haben dir versprochen, die Augen offen zu halten ... Was jetzt? Ins Antiquariat, wo man ebenfalls gebrauchte Bücher kaufen kann? Allerdings – dort sind nicht so leicht Schnäppchen zu machen wie auf dem Flohmarkt. Die Bücher, die dort angeboten werden, kosten manchmal mehr als vergleichbare neue. Manche haben Sammlerwert und erzielen Liebhaberpreise. Und das Länger-leben-Rezept könnte den Preis des Bonifatius-Buches ins Unermessliche treiben ... Weiter bei 44.

44

Das Antiquariat liegt im Zentrum der Stadt, in der Fußgängerzone. Was, du warst schon dort? Dann lies bei Abschnitt 36 weiter. Wenn du aber diesen Laden noch nicht besucht hast, solltest du sofort den nächsten City-Bus nehmen und im Secondhandshop für Bücher nachforschen, bevor dir jemand anderer zuvorkommt.
Weiter bei 30.

45

Behutsam öffnest du die Tür einen Spalt. Gott sei Dank! Sie quietscht und knarrt nicht wie das alte Holztor der öffentlichen Bücherei. Vorsichtig spähst du in den Raum, der sich dahinter auftut. Zunächst siehst du nichts als Rücken und Haarschöpfe. Dicht gedrängt hocken Jugendliche auf den

Sitzstufen der Bibliothek, alle anderen sitzen auf Stühlen oder kauern auf Sitzpolstern. Es sind Schüler aus zwei Schulklassen, wenn nicht aus drei. Sie wenden dir den Rücken zu und haben für dich keinen Blick. Etwas anderes scheint ihre Aufmerksamkeit zu fesseln: ein Buch. Ein älterer Mann mit grauem Stoppelbart liest daraus vor, anscheinend eine Gruselgeschichte. Er steht mit dem Rücken zur Wand neben einem winzigen Tisch. Auf dem Tischchen liegt eine abgeschabte Ledertasche. Daneben siehst du ein halb leeres Wasserglas.

Der Vortragende liest nicht nur, er zeichnet auch. Immer wieder geht er zur Wandtafel, schreibt einzelne Wörter an und skizziert mit raschen Strichen ein paar Figuren, die ein wenig aussehen, als wären sie einem Comic entsprungen. Weiter bei **46**.

46

Jetzt hat der Autor offenbar seine Lesung beendet. Er sieht auf seine Uhr, klappt das Buch zu und blickt dann fragend in die Runde. „Wir haben noch ein paar Minuten Zeit“, sagt er, „und ich möchte nicht bis zum Klingelzeichen lesen. Lesen und Vorlesen könnten eure Lehrerinnen und Lehrer genau so gut wie ich, wenn nicht besser. Und ich hoffe, sie tun es auch. Aber vielleicht habt ihr noch Fragen zu diesem Buch? Oder wollt ihr irgendetwas über das Bücherschreiben wissen, über meinen Beruf? Wo sonst soll man etwas über Bücher erfahren, wenn nicht hier und jetzt, in eurer Schulbücherei und von einem Autor?“

Zunächst rührt sich niemand. Alle sitzen da, noch ganz im Bann der Geschichte, die sie eben gehört haben. Von draußen ist jetzt das Summen eines Staubsaugers zu vernehmen. Anscheinend wird der Pausenraum gereinigt. Zögernd geht nun eine Hand hoch. Eine zweite.

„Schreiben Sie an einem neuen Buch?"

Der Schriftsteller nickt. „Ja, ich bin gerade dabei. Ich habe die Arbeit fast abgeschlossen."

„Wie wird es heißen?"

Der Autor zögert. *„Die Bibliothek"*, sagt er nach einem Moment. „Aber das ist nur der Arbeitstitel."

Du horchst auf! *Die Bibliothek?* Hast du richtig gehört?

„Haben Sie schon einen Verlag dafür?"

Der Schriftsteller nickt.

„Und wer ist die Hauptperson in Ihrer Geschichte?", fragt ein Mädchen im knappen, bauchfreien Pulli und mit einem Piercing im Nasenflügel. „Ist es ein Mädchen mit einem Piercing im Nasenflügel?"

Der Autor überlegt, sucht nach Worten. „Die Hauptperson", sagt er zögernd, „ist ein Süchtiger."

„Ein Alkoholiker? Ein Drogensüchtiger? Dope? Koks? Ecstasy?" Die Fragen schwirren durcheinander.

Der Schriftsteller schüttelt den Kopf. „Dieser Mann hat eine seltsame Form von Sucht. Er ist süchtig nach Büchern. Es ist Büchereileiter Koloman Buchinger."

Du zuckst zusammen. Vor Überraschung könntest du aufschreien. „Den gibt es doch wirklich!", willst du rufen, schlägst dir aber gerade noch rechtzeitig die Hand vor den Mund.

„Ein Bibliothekar? Darüber kann man ein ganzes Buch

schreiben?", fragt einer der Jugendlichen. Enttäuschtes Gemurmel wird hörbar. Du hältst die Luft an. *Koloman Buchinger?* Ist das alles Zufall? Nein, solche Zufälle kann es nicht geben. In welche verrückte Geschichte bist du da nur hineingeraten?

Der Autor merkt, dass sich das Gespräch jetzt in die falsche Richtung zu entwickeln droht. Wenn auch nur ein einziger Zuhörer dieses Buch kaufen soll, dann wird er es seinem jugendlichen Publikum schmackhaft machen müssen. Er öffnet den Mund, um noch etwas sagen, aber ein Junge mit Brille kommt ihm zuvor.

„Wieso heißt das Buch *Die Bibliothek* und nicht *Der Bibliothekar*?", fragt er und schiebt seine Brille, die ihm nach vor gerutscht ist, zurück an die Nasenwurzel. Er sieht selbst ganz so aus, als könnte er später einmal eine Bücherei leiten, denkst du. „Und was ist das für ein Mensch, dieser Koloman Buchinger?"

„Naja, es geht um Bibliotheken und nicht nur um diesen Mann. Ich kann noch nicht viel über ihn sagen. Ich habe ihn ja erst vor kurzem erfunden. Mein erster Eindruck war: Das ist ein anständiger Mensch, sehr korrekt, trocken, ein bisschen blutleer, ja. Fast ein Langweiler, könnte man meinen. Nie im Leben kannst du über einen solchen Typ ein Buch schreiben, sagte ich mir anfangs. Aber Irrtum! Alles nur Fassade. Schön langsam bekomme ich den Burschen zu fassen. In Wirklichkeit hat er es faustdick hinter den Ohren, ja, er ist ausgekocht, ein richtiges Schlitzohr, ein Fantast, ein Münchhausen, wie er im Buche steht. Beinahe könnte man Angst vor ihm bekommen und vor seinen Schwindeleien. Er ist mir längst nicht mehr geheuer. Er entwickelt sich irgendwie anders, als ich ihn geplant habe. Ich gebe zu, ich bin ein wenig besorgt. Nebenbei", fügt der Autor hinzu und macht ein bekümmertes Gesicht, „verliebt er sich immer wieder aufs Neue. Und das in seinem Alter!"

„Immer in dieselbe Frau?", fragt der Junge mit der Brille. Der will es ja ganz genau wissen. Eigentlich könnte er genauso gut einmal Psychologe werden wie Büchereileiter.

„Blödsinn", sagt sein Sitznachbar im schwarzen T-Shirt mit goldgehörntem Totenkopf.

„Er verehrt die Frauen. Und er verliebt sich ständig in seine Traumfrau. Aber diese Traumfrau ist immer wieder eine andere, sie wechselt in seinen Vorstellungen ihr Aussehen und ihr Wesen. Und er ist fest davon überzeugt, dass es sie gibt, irgendwo auf der Welt. Er ist davon überzeugt, dass sie von ihm weiß, dass er möglicherweise eine Botschaft von ihr empfängt ..."

„Was ist daran so schlimm?", fragt das Mädchen mit dem gepiercten Nasenflügel. „Ich finde das gut! Ja, es macht ihn irgendwie sympathisch. Egal, welche Dinge er dreht. Vielleicht werde ich das Buch kaufen und den Schluss lesen. Ich möchte wirklich gern wissen, wie es ausgeht. Ob er seine Traumfrau findet."

„Aber irgendwie, glaube ich", sagt ein anderes Mädchen, „mögen Sie ihn, diesen ... diesen Buchmenschen."

Der Schriftsteller wiegt den Kopf. „Du kannst dir denken, wir sind nicht gerade befreundet. Er macht mir Sorgen, der Bibliothekar. Er raubt mir den Schlaf. Aber es wird so kommen wie immer. Ich lerne ihn ja von Tag zu Tag, von Stunde zu Stunde besser kennen, seine Stärken, seine Schwächen. Er teilt mit mir das Arbeitszimmer. Ich muss mit ihm leben. Und vielleicht werde ich eines Tages mit diesem Bibliothekar sogar zusammenarbeiten. Ich könnte mir vorstellen, dass Buchinger meine Bücher mag, dass er einige in seiner Bibliothek auf die Regale stellt. Und wenn ich von ihm Abschied nehmen muss, werde ich froh sein und zugleich ein bisschen traurig."

„Warum?", will einer wissen.

„Froh bin ich, weil ich dann eine Arbeit zu Ende gebracht habe, ein Buch, an dem ich Wochen und Monate schrieb. Und traurig bin ich, weil ich mich von den Personen in meinem Buch trennen muss. Auch wenn sie mich noch eine Zeit lang in Gedanken begleiten werden. Bis in meine Träume. Abschied tut manchmal weh."

Plötzlich entsteht Unruhe unter den Zuhörern. Irgendjemand deutet mit dem Zeigefinger nach dir. Du bist entdeckt worden! Was willst du tun? Die Schulbibliothek fluchtartig verlassen? Weiter bei 48. Oder stellst du dich? Weiter bei 47.

47

Jemand ruft: „Wer ist das denn?" Damit kannst nur du gemeint sein. Alle Augen richten sich jetzt auf dich. Nicht mehr der Schriftsteller steht im Mittelpunkt, nein, du bist es! Doch auch mit dieser Situation solltest du fertig werden. Irgendwie gelingt es dir, dich herauszureden. Du stotterst etwas daher: dass du ein Fan des Autors bist, dass du schon zwei Bücher von ihm gelesen hast und, weil du heute keine Schule hattest, hergekommen bist, um endlich einmal einen lebenden Schriftsteller live kennen zu lernen.

Der Autor nickt dir gnädig lächelnd zu. Du erhältst ungefragt eine Karte mit dem Autogramm des Schriftstellers und einem Foto, auf dem er um zwanzig Jahre jünger aussieht als in Wirklichkeit. Weil du die Unterschrift nicht lesen kannst, buchstabierst du den Namen, der über dem Bild steht: *Franz S. Sklenitzka*. Aha.

Diese erste Autogrammkarte löst einen Ansturm auf den Autor aus. Im Nu ist er von seinen Zuhörern umringt. Die hinteren drängen nach vorn, die vorderen werden gegen den Tisch gedrückt, auf dem der Autor seine Habseligkeiten ausgebreitet hat. Irgendjemand stößt das Glas mit dem Mineralwasser um. Du hörst noch eine schrille Stimme rufen: „Ein Handtuch für den Schriftsteller!“, doch von dem Künstler selbst ist nichts mehr zu sehen. Er ist völlig eingekeilt von seinem Publikum. Um dich kümmert sich kein Mensch mehr. Die Gelegenheit, sich aus dem Staub zu machen, könnte nicht besser sein.

Jedenfalls hast du eine Menge über Koloman Buchinger erfahren, vorausgesetzt, es ist wirklich ein und derselbe Buchinger ... Weiter bei 48.

48

Wenn du noch nicht beim Kurs für Bibliothekare warst, solltest du dich rasch dafür entscheiden. Vielleicht schaffst du es noch rechtzeitig. Es könnte sich lohnen! Dann heißt deine nächste Zwischenstation Abschnitt 53. Warst du aber schon im Medienraum und hast dort die Überraschung des

Tages erlebt, geht die Geschichte für dich beim folgenden Abschnitt 49 weiter.

49

Ein paar Tage später hast du zufällig wieder in der Fußgängerzone zu tun. Als du an der blau lackierten Holztür des Antiquariats vorbeigehst, folgst du einer plötzlichen Eingebung. Du steigst die Stufen zum Secondhandbuchladen hinunter, um kurz nachzufragen, ob vielleicht ein paar neue alte Bücher auf den Regalen stehen. Du siehst dir auch das gelbe Plakat nochmals genau an. Um Himmels willen! Die Jahreszahl! Du spürst, wie es dir eiskalt über den Rücken läuft. Um dich herum beginnt alles zu schwanken. Rasch hältst du dich an einer alten Kommode fest. Kannst du deinen eigenen Augen noch trauen? Die „Woche der Bücher" war bereits vor einem Jahr! So lang schon hängt das Plakat in diesem Laden an der Wand! Das heißt, auch die Autorenlesung und der Kurs für die Bibliothekare liegen bereits zwölf Monate zurück! Das Blut steigt dir siedend heiß in die Schläfen. Eine unheimliche Geschichte! Hast du einen Zeitsprung hinter dir, eine Zeitreise? Es kann nicht anders sein. Das würde auch erklären, warum dir deine Kleidungsstücke plötzlich zu groß waren. Du warst um ein Jahr jünger!

Blitzartig fällt dir das blaugraue Buch ein, das Buch, das du damals am Vorabend gelesen hast. *Erfindungen und Experimente*. Kapitel *Zeit und Raum* ... Es kann nur an diesem Buch liegen, der Nummer zwei vom roten Regal! Was

für ein Glück, dass du deine Nase bloß für ein paar Minuten zwischen die Seiten gesteckt hast. Du hättest für immer und ewig in einer anderen Wirklichkeit verloren gehen können ... so wie vermutlich der Leser Xaver Höllwarth am Silvestertag anno 1910. (Du kennst diese Geschichte nicht? Dann blättere sofort zu Abschnitt 9!)
Weiter bei 63.

50

Auf in die Nachbarstadt! Mit frischem Schwung machst du dich zwei Tage später wieder auf die Suche nach den verschwundenen Büchern. Gut, dass dieser Tag an deiner Schule freigegeben wurde, so kannst du ihn für deine Nachforschungen nützen. Aber was ist mit deinem Fahrrad los? Irgendwas stimmt da nicht! Hat jemand den Sattel verstellt? Du reichst mit den Füßen kaum zu den Pedalen!
Weiter bei 51.

51

Das alte Gymnasium ist nicht schwer zu finden. Ein erhebendes Gefühl, eine Schule besuchen zu können, ohne dort Schulstunden absitzen zu müssen! Über eine Treppe kommst du in den ersten Stock und gelangst in die Pausenhalle. Aus allen Richtungen ziehen ganze Schülertrauben an dir vorbei. Jede und jeder hier scheint zu wissen, wohin er oder sie zu gehen hat, nur du nicht. Ratlos siehst du dich nach einem Wegweiser um, dann guckst du noch einmal prüfend deine eigenen Klamotten an. Heute Morgen ist nämlich etwas Seltsames passiert. Es ist dir vorgekommen, als wären deine Kleidungsstücke über Nacht alle ein Stück größer geworden. Oder als wärst du um ein paar Zentimeter geschrumpft. Eine unheimliche Sache! Doch du hast dir nicht lang Gedanken darüber gemacht. Es geht zurzeit nicht um Mode. Es geht um ein geheimnisvolles altes Buch, um die Lebensgeschichte des Bonifaz ... Weiter bei 52.

52

Endlich entdeckst du an einer Säule ein Pappschild mit einem Pfeil und der Aufschrift *Zur Autorenlesung in der Schulbibliothek.* Auf einem zweiten Pfeil, der in die Gegenrichtung zeigt, kann man lesen *Zum Kurs für Bibliothekare in den Medienraum.* Wo willst du hin? Welchem Pfeil wirst du folgen?

Du entscheidest dich für die Autorenlesung in der Bibliothek? Weiter bei 34.

Du suchst den Weg in den Medienraum, zum Kurs für Bibliothekare? Weiter bei 53.

53

Du folgst der angegebenen Pfeilrichtung und findest nach einem längeren Irrweg über mehrere Treppen und durch eine streng riechende Garderobe irgendwann den Medien-

raum der Schule. Ein handgeschriebenes Plakat an der Tür beweist, dass du hier richtig bist: *Fortbildungskurs für Bibliothekare an öffentlichen Büchereien.*
Weiter bei 54.

54

Obwohl du dir nicht im Entferntesten vorstellen kannst, was man auf einem *Fortbildungskurs für Bibliothekare* lernen kann, bist du zuversichtlich. Ja, du hast das Gefühl, hier endlich ein wenig Licht in das dunkle Geheimnis um die verschwundenen Bücher bringen zu können. Der Raum, den du jetzt leise betrittst, ist bis auf den letzten Platz besetzt. Aber es sind keine Schüler, die hier an den Pulten kauern und sich eifrig Notizen machen. Manche der Köpfe, die sich über Hefte und Mappen beugen, sind grau, manche sogar kahl. Es sind Büchereimenschen, Bibliothekare, die sich weiterbilden: Frauen und Männer, ältere und jüngere. Nur ein paar bemerken dich, als du leise die Tür hinter dir schließt. Du machst dich beim Waschbecken zu schaffen. Schüler oder Schülerinnen, die einen Tafelschwamm holen oder ein Stück Kreide suchen, sind schließlich nichts Außergewöhnliches in einer Schule. Du schaust dich unauffällig um. Vorne neben einem Overheadprojektor steht eine junge, blonde Frau. Es sieht aus, als würde sie eben ihren Vortrag beenden.
Weiter bei 55.

55

„Damit ...“, erklärt die hübsche Blondine und bündelt ihre Skripten, „... bin ich am Schluss meines Referats über das Systematisieren, Inventarisieren und Archivieren. Ich räume meinen Platz einem Mann, der sich auf seinem Gebiet einen großen Namen gemacht hat – ich darf Ihnen versichern, er ist im Ausland noch bekannter als bei uns. Ich muss ihn bestimmt nicht mehr vorstellen – und wir wissen alle, er hat uns einiges zu sagen. Dieser Mann wird uns heute verraten, wie wir es anstellen müssen, dass die Bibliothek von der simplen Bücherei zum ... Aber am besten, er sagt uns das selbst.“

Die Rednerin wendet sich mit einem einladenden Lächeln jemandem in der ersten Sitzreihe zu. Mit einer Handbewegung bittet sie ihn ans Rednerpult. Ein großer, schlaksiger Mensch erhebt sich, ein Mann mit langen Armen, langen Beinen. Graue Augen, graue Haare, hager, grauer Stoppelbart. Du wischt dir mit der Hand über die Augen. Siehst du richtig oder spielt dir deine Fantasie einen Streich? Der Typ ist niemand anderer als Koloman Buchinger! Weiter bei 56.

56

Was hat die Vortragende gesagt? Buchinger und bekannt? Vielleicht sogar berühmt? Koloman Buchinger? Ja, er ist es, kein Zweifel! Er küsst der Dame am Rednerpult die Hand. Typisch Koloman! Und dann küsst er sie auch auf die Wange.

Willst du seinem Vortrag zuhören? Ja? Weiter bei **57**. Oder bist du so überrascht, dass du dich am liebsten gleich wieder aus dem Staub machen möchtest?
Weiter bei **60**.

57

Buchinger tritt hinter das Rednerpult, die Blondine nimmt in der ersten Reihe Platz. Höflicher Beifall empfängt den Bibliothekar. Seine Gestalt strafft sich. Er spricht laut und deutlich, sicher und ohne zu zögern. Du kauerst dich unter das Waschbecken und lauschst. Es ist wohl besser, Buchinger kriegt dich jetzt nicht zu sehen.

„Neue Leser, liebe Zuhörerinnen und Zuhörer, kommen nicht von selbst. Was wir tun müssen, ist klar: Das Freizeit-Image des Buches ist zu verbessern. Der Erlebniswert des Lesens muss gesteigert werden. Damit kommen neue Aufgaben auf uns zu. Vergessen wir bitte eines nicht: Das Wort ‚öffentlich' kommt von ‚offen'. Wir, die öffentlichen Büchereien, müssen auch dann geöffnet haben, wenn andere Bildungseinrichtungen geschlossen sind: am Feierabend, zu den Wochenenden, aber auch zu Urlaubszeiten. Mit der Buch-Ausleihe allein, meine Freunde, ist es nicht mehr getan. Wir müssen uns anders verkaufen, besser. Heute zählt die Verpackung oft mehr als der Inhalt. Wir müssen die Neugier der Leute wecken, Neugier auf unsere Bibliotheken. Wir müssen ihnen klar machen, dass Schmökern in einer Bibliothek mindestens so spannend sein kann wie Surfen im Internet. – Schmökern in der Bibliothek", wiederholt Koloman Buchinger, hebt seinen dürren Zeigefinger, und es kommt dir vor, als wollte er auf ein unsichtbares rotes Regal zeigen, „heißt Eintauchen in Fantasiewelten voll fremder, mysteriöser Wesen, heißt knifflige Rätsel lösen und haarsträubende Abenteuer bestehen. Lesen kann ein point & pick adventure sein! Bibliotheken können zum Freizeit-Treff werden und wir Bibliothekare zu Animateuren. Freizeit-Angebote rund ums Lesen, rund ums Buch sind gefragt: Schreibwettbewerbe, Sprachbasteln, Bücherbingo, Märchenstunden und Sagenlesungen, Hobbykurse, Bastelrunden, literarische Spurensuche, Kassetten hören, Videoabende, Preisausschreiben, Rätselrallyes ... Schicken Sie die Leserinnen und Leser auf die Suche nach dem kleinsten, dem größten, dem ältesten, dem geheimnisvollsten Buch Ihrer Bibliothek! Wir verleihen zwar Bücher, doch zu allererst ...“, hier legt Buchinger eine Kunstpause ein, „... doch zu allererst müssen wir die Sehnsucht nach dem Lesen wecken und lebendig werden lassen. Die Sehnsucht, liebe Kolleginnen und Kollegen, ist das Schönste, was wir überhaupt besitzen.“ Weiter bei 58.

58

An dieser Stelle unterbricht lebhafter Beifall Buchingers Rede. Die Gelegenheit ist günstig, den Medienraum ungesehen zu verlassen. Auf Zehenspitzen schleichst du davon. Verwirrt setzt du dich draußen auf eine Treppenstufe. Ein neues Rätsel will gelöst werden: Wer ist Koloman Buchinger? Wer ist er wirklich? Weiter bei 59.

59

Angestrengt überlegst du, versuchst, Ordnung in deine Gedanken zu bringen. Buchinger sprach von „Rätselrallyes“, von literarischer Spurensuche. Er will also „die Leute neugierig machen auf die Bibliothek ...“. Das gibt dir alles irgendwie zu denken. Weiter bei **60**.

60

Nachdenklich schiebst du die Hände in deine Hosentaschen. Und da spürst du ein Stück knisterndes Papier: die rätselhafte Botschaft vom Regal im Hinterzimmer der Bibliothek. Weiter bei **61**.

61

Eigentlich könntest du ja Buchingers Vorrednerin fragen, was sie von der geheimnisvollen Botschaft hält. Die Gelegenheit ist günstig und die blonde Frau scheint eine Menge von Büchern und Bibliotheken zu verstehen, vielleicht sogar von Bibliothekaren. Willst du sie kurz interviewen? Ja? Weiter bei **62**.

Nein, du versprichst dir nichts davon? Dann verlässt du das alte Gymnasium. Weiter bei **49**.

62

Du wartest auf dem Korridor, bis Buchinger seinen Vortrag beendet hat. Die Tür geht auf, die Bibliothekare kommen nacheinander aus dem Medienraum, einzeln, zu zweit, in Gruppen, einige in lebhafte Gespräche vertieft. Buchinger ist noch nicht dabei. Anscheinend diskutiert er noch mit einigen Teilnehmern des Kurses. Als du die blonde Vortragende ausgemacht hast, trittst du hastig auf sie zu. „Können Sie damit was anfangen?", fragst du ganz unvermittelt.

Bereitwillig nimmt die junge Frau deinen Zettel entgegen und beginnt halblaut zu lesen: „*Du wirst Verschlingungen erkennen von solcher Feinheit und Zartheit, solcher Gedrängtheit und Dichte, solcher Fülle an Knoten und Zwischengliedern, mit so frischen und glänzenden Farben, dass du glauben könntest, das alles sei nicht das Werk eines Menschen ...*"

„Interessanter Text", murmelt sie, „hochinteressant! Leider kann ich ihn nicht zuordnen. Aber mir kommt es so

vor, als würde er aus einem medizinischen Lexikon stammen. Die Knoten und die Verschlingungen deuten darauf hin. Meine Nachbarin wurde nämlich vor kurzem mit Darmverschlingung ins Krankenhaus eingeliefert. Gott sei Dank geht es ihr schon wieder besser. Ja, ich tippe auf einen medizinischen Text aus dem späten Mittelalter ..." Nun, dein kopierter Zettel sieht inzwischen wirklich so aus, als könnte er aus dem Mittelalter stammen. Er beginnt sich nämlich langsam aufzulösen, so oft hast du ihn auseinander und wieder zusammengefaltet. Viel schlauer bist du nicht geworden. Dreimal hast du gefragt und drei verschiedene Antworten bekommen ... Aber du lässt dir deine Enttäuschung nicht anmerken. Wenn du dich beeilst, kommst du vielleicht noch zur Lesung des Schriftstellers zurecht, die ja im selben Gebäude sein soll. Weiter bei **34**. Was, dort warst du schon? Dann verlässt du jetzt das Gymnasium und liest weiter bei Abschnitt **49**.

63

Ob Bürgermeister Kleewein inzwischen mehr Erfolg bei seinen Nachforschungen hatte als du? Jedenfalls scheint seine Rechnung aufzugehen. Die Zeitungen berichten bereits eifrig über das Booknapping und im Städtchen ist Bonifaz das Tagesgespräch. Doch von den verschwundenen Büchern fehlt anscheinend weiterhin jede Spur ...

Du musst einfach wieder in die Bibliothek, musst bei Buchinger nachfragen, was es Neues gibt. Ob man dem Bibliothekar noch trauen kann? Du beschließt, auf der Hut

zu sein. Nach all den mysteriösen Vorfällen in der jüngsten Vergangenheit siehst du Koloman Buchinger inzwischen mit anderen Augen ...

Schon durch die offene Holztür hörst du, dass er nicht allein ist in seiner Bibliothek. Und an der Stimme erkennst du seinen Besucher: Bürgermeister Kleewein, der sich früher so gut wie nie in der Bücherei blicken ließ. Aber das trifft ja auch auf dich zu, oder?

Die beiden Männer nehmen nur flüchtig Notiz von dir, als du den Hauptraum betrittst. Das Gespräch, das sie führen, scheint wichtig zu sein. Du holst dir einen Stuhl und hörst zunächst einmal schweigend zu. Es geht, wie könnte es anders sein, um die *Vita Bonifatii*, um die verschwundene Lebensgeschichte des Bonifaz. Weiter bei **64**.

64

„So, Buchinger“, sagt der Bürgermeister und legt sein Mobiltelefon vor sich hin, „wo waren wir letztes Mal stehen geblieben? Ich glaube, wir können inzwischen mit Sicherheit davon ausgehen, dass jemand den Schmöker gemopst hat. Aber weiß der Dieb von dem geheimen Rezept?“

„Ich denke, er weiß es“, wirft Buchinger ein. „Warum fehlt denn gerade dieses Buch?“

„Na, schön“, sagt Kleewein. „Es fehlen ja auch drei andere. Doch jetzt merkt unser Bücherklau, dass wir uns an seine Fersen geheftet haben. Er liest in jeder Zeitung, dass der Bürgermeister genau dieses Buch sucht. Ich versetze mich einmal in seine Lage. Was wird er tun?“

„Was denn?“, fragt Buchinger.

„Er wird das Buch verstecken, sag ich Ihnen. Er wird es in Sicherheit bringen wollen.“

„Gut möglich“, nickt der Bibliothekar.

„Und wo, frage ich, lässt sich ein Buch ganz unauffällig verstecken?“

Buchinger zuckt mit den Schultern. „Ich verstecke Bücher nicht, Herr Bürgermeister. Ich suche sie. Es gibt Menschen, die ihr Leben lang auf der Suche sind, vor allem Leser sind es, denen das Suchen wie das Lesen zur Leidenschaft werden kann. Lesen, Herr Bürgermeister, heißt immer auch auf Entdeckungsreise gehen.“

„Jetzt weichen Sie vom Thema ab, Buchinger!“, mahnt der Bürgermeister. „Ich habe nämlich meine ganz eigene Theorie zu dem Diebstahl.“ Willi Kleewein redet sich in Eifer. „Mein Gefühl lässt mich selten im Stich. Oder soll ich sagen: mein Instinkt? Das ist Voraussetzung für einen erfolgreichen Politiker: Er muss wissen, was er anpackt und wie. Hören Sie zu, Buchinger! Wo versteckt sich ein Ganove, wenn er clever genug ist?“

Buchinger sieht den Bürgermeister fragend an. Es kommt dir vor, als würde ein leichtes Lächeln um seine Lippen spielen. „Ein Ganove? Keine Ahnung!“

„In einer einsamen Almhütte? Oder in einer belebten Fußgängerpassage? Ich werde es Ihnen sagen: Er begibt sich mitten unter die Menschen. Im größten Trubel, in der größten Menschenansammlung fühlt er sich am sichersten.“

„Das mag schon sein! Doch was hat ein Ganove in der Almhütte mit unseren Büchern zu tun?“

„Mensch, Buchinger, begreifen Sie noch immer nicht? Was macht ein Dieb, dem der Boden unter den Füßen zu heiß geworden ist? Wenn die Gefahr entdeckt zu werden von Tag zu Tag größer für ihn wird? Wenn er in jeder Zeitung von dem Buch lesen muss, das er geklaut hat?“

Buchinger zuckt ahnungslos die Schultern. „Ich kann mich schlecht in seine Lage versetzen. Sie haben anscheinend mehr Einfühlungsvermögen, Herr Bürgermeister. Sie tun sich da leichter.“

„Ach, ihr Büchermenschen lebt ja in eurer eigenen Welt! Wo stellt ein Bücherdieb seine Beute ab, wenn sie ihm gefährlich wird? Ich sag's Ihnen, Buchinger: Dort, wo sie nicht auffällt. Und wo er sie ohne Gefahr wieder abholen kann, wenn Gras über die Sache gewachsen ist. In einer Bibliothek zum Beispiel! Jawohl! Je größer umso besser!“

Buchinger sieht den Bürgermeister erstaunt an, doch dann geht es wie ein Ruck durch seinen Körper. „Fabelhaft!“, ruft der Bibliothekar. Du verdrehst die Augen. *Fabelhaft*? Was für ein Wort! Naja, einem Bücherfreak vom Alter Koloman Buchingers kann man es verzeihen, wenn er solche Wörter verwendet. „Endlich kann ich Ihnen folgen! Jetzt ist der Groschen bei mir gefallen! Fabelhaft, Herr Bürgermeister! Aber was genau haben Sie nun vor?“

Weiter bei **65**.

65

„Ich werde es Ihnen verraten, Buchinger! Ich nehme die Sache jetzt selbst in die Hand. Alles hört auf mein

Kommando! Wir brauchen keine Polizei. Die findet immer nur Sachen raus, die sie gar nicht herausfinden soll. Ich werde mich der Angelegenheit ab nun mit voller Kraft widmen. Sie können sicher sein, Buchinger: Wenn Willi Kleewein den Stier bei den Hörnern packt, dann hat das Hand und Fuß! Ich werde ...", der Bürgermeister droht dem unsichtbaren Gegner mit geballter Faust ... „ich werde dieses geraubte Buch unserer Bibliothek zurückbringen, zum Wohl unserer Stadt! Zum Wohl ihrer Bürger! Und dann ..." – der Bürgermeister packt Buchinger an den Rockaufschlägen – „... wird das Länger-leben-Rezept des alten Bonifaz vermarktet! Buchinger, das wird ein Deal, ein Jahrtausendgeschäft, sage ich Ihnen! Ich sehe schon alles vor mir: Hubschrauberlandeplatz, Golfclub, das Fünf-Stern-Hotel ‚Jungbrunnen' mit Seminarraum und Wellnesspark. Alle Zimmer mit Haartrockner, Satelliten-TV und Blick auf die alte Bücherei, Frühstücksbuffet mit Bonifaz-Müsli, frisch gepresstem Bonifaz-Juice, Anti-Falten-Cremes, Bonifaz-Schlammpackungen ..., alles im Namen des Bonifaz. Nach dem Frühstück geht's in den Wald zum Holzfällen, unter Anleitung eines Animateurs, versteht sich. Jeder Kurgast erhält eine Bonifaz-Axt und dann werden reihenweise Donar-Eichen gefällt!"

„Aber bei uns gibt's doch gar keine Eichen", wagt Buchinger einzuwenden.

„Nun, seien Sie doch nicht so kleinlich! Dann müssen eben ein paar andere Bäume herhalten. Wenn wir das Buch gefunden haben, gründen wir sofort die Länger-leben-GmbH! Viel Geld wird fließen. Das heißt hunderte neue Arbeitsplätze! Neue Siedlungen werden entstehen. Unsere

Stadt wird wachsen, blühen und gedeihen! Und sie wird mir in Ewigkeit dankbar sein! Buchinger, die Stadt wird mir ein Denkmal setzen! Ich sollte mir schon einen Platz dafür aussuchen und das Podest in Auftrag geben! He, Buchinger, hören Sie mir überhaupt zu? Wissen Sie, mein Freund, wer in die Politik geht, braucht Visionen! Sonst hat er in der Politik nichts verloren!"

„Das finde ich großartig", stammelt der Bibliothekar. „Ich bin beeindruckt. Danke, Herr Bürgermeister, dass Sie sich so für die Bibliothek engagieren. Dass Sie unsere Sache zu der Ihren machen. Vielleicht komme ich dann eines Tages doch noch zu einem Kopierer."

„Ist doch selbstverständlich", sagt Kleewein und versetzt dem Bibliothekar einen Schlag auf die Schulter. „Sie wissen, ich bin für alle Bürger da! Aber es geht ja nicht so sehr um die Bibliothek. Es geht um unsere Stadt, nein, um die Zukunft unserer Stadt!"

Und mit einem schlauen Lächeln fügt er hinzu: „Und um meine Wiederwahl! Bei dieser Publicity kann ich sogar in den Landtag kommen ... Ab jetzt, mein Lieber, machen wir Nägel mit Köpfen! Oder Bücher mit Seiten, hehe, wie Sie wahrscheinlich dazu sagen würden. Ich brenne vor Tatendurst! Aktion Bonifaz läuft an! Nur eine Frage noch: Wo, Buchinger, ist die größte Bibliothek in unserer Nähe? Im Umkreis von, sagen wir, zwanzig, dreißig, vierzig, fünfzig Kilometern?"

Buchinger denkt kurz nach. „Nun, das ist wohl die Bibliothek im Stift. Die Patres haben dort ungefähr hunderttausend Bände."

„Im Stift? In welchem?"

Buchinger lächelt und reibt sich die Hände. „Darf ich Ihnen ein kleines Rätsel aufgeben, Herr Bürgermeister? Rätsel lösen ist gut gegen Stress. Rätsel lösen entspannt. Sehen Sie dort das rote Regal? Nimmt man die letzten drei Buchstaben des dritten Titels, hat man die ersten drei Buchstaben vom Namen des gesuchten Klosters. Der vierte und letzte Buchstabe ist identisch mit dem Anfangsbuchstaben meines Vornamens.“

„Mensch, Buchinger!“, poltert der Bürgermeister. „Seien Sie doch nicht albern! Was sind denn das für Kindereien! Lassen Sie mich in Frieden mit Ihren Rätseln. Meinen Sie, ich hab’ meine Zeit gestohlen?“

„Warten Sie, Herr Bürgermeister. Gleich haben wir die Lösung!“ Und dabei blickt Koloman Buchinger ausgerechnet – auf dich!

Tatsächlich hast du das Rätsel rasch gelöst. Zu deinem Glück hast du das alte Buch *Erfindungen und Experimente* längst wieder zurückgebracht! Bei Abschnitt **153** kannst du überprüfen, ob deine Lösung stimmt. Weiter bei **153**.

66

„Also Melk? Stift Melk? Ausgezeichnet. Sie machen mir dort einen Termin aus. Ich möchte von einem Fachmann geführt werden. Um die Pressekontakte kümmere ich mich. Es wird doch nicht stören, wenn uns ein Fotograf und ein Reporter begleiten? Ich sehe schon das Zeitungsfoto vor mir: Bürgermeister Kleewein in der Stiftsbibliothek. Macht sich doch gut, oder?“

„Bestimmt!“, nickt Buchinger. „Ganz bestimmt, Herr Bürgermeister!“ Plötzlich richtet der Bibliothekar seine Augen auf dich. „Und du kommst auch mit, nicht wahr?“

Du zuckst mit den Schultern. Das Angebot kommt etwas überraschend.

„Aber sicher!“, ruft der Bürgermeister und legt seine Hand jovial auf deinen Arm. „Bürgermeister Kleewein ist immer in Kontakt mit der Jugend. Kleewein zeigt Herz für Bücherwürmer, Leseratten und Jungdetektive! Willi Kleewein, der bessere Mann für kommende Zeiten!“ Weiter bei 67.

67

Tagtäglich können nun alle Leute die neuesten Pläne des Bürgermeisters in der Zeitung verfolgen. Er hat den Reportern anvertraut, dass er ganz große Erwartungen in die Lebensgeschichte des Bonifaz setzt. Dass Bonifaz ein Länger-leben-Geheimnis gehabt haben muss. Dass er, der Bürgermeister, bereits an ein bestimmtes Grundstück denkt, auf dem ein Wellness-Hotel errichtet werden soll – wo sich zahlungskräftige Kurgäste nach der noch geheimen Bonifaz-Methode das Leben verlängern lassen können.

„Das ist doch irre“, sagst du am Nachmittag in der Bibliothek zu Buchinger. „Das geht alles viel zu schnell. Wie kann er nur so vorpreschen? Er weiß doch gar nicht, was in dem alten Buch steht. Er hat es ja nicht gelesen. Und außerdem muss er es erst einmal finden!“

„Du bist eben kein Politiker“, sagt Koloman Buchinger gelassen. „Aber unser Herr Bürgermeister nützt die Gunst

der Stunde. Ihm ist jede Gelegenheit recht, in die Zeitung zu kommen. Noch lieber würde er vom Bildschirm lächeln. Vielleicht bekommt er bald die Chance, wer weiß. Eines Tages wird er bestimmt in einer Talkshow zu Gast sein. So ist das nun einmal mit den meisten Politikern. Sie wollen sich ihren Mitbürgern ständig ins Gedächtnis rufen." Und der Bibliothekar macht Kleewein täuschend echt nach: „Ist das Mikro eingeschaltet, meine Herren? Läuft die Kamera?"
Weiter bei 68.

68

„So, und jetzt an die Arbeit! Du kannst dich nützlich machen! Detektiv zu spielen ist ja toll, aber die Bibliothek darf dabei nicht verkümmern. In jeder Bücherei gibt es nämlich auch Verwaltungskram. Das solltest du in deinem Referat schon erwähnen ..."

Verdammt, das Referat! Der Mann kann einem doch glatt die gute Laune verderben. Wie lang wird es dir noch gelingen, das Referat hinauszuzögern?

Buchinger eilt in das hintere Hinterzimmer und fordert dich auf, ihm in sein Kleinraumbüro zu folgen. Auf die unzähligen Bücher, die sich hier auf dem Boden stapeln, hast du schon einmal einen scheuen Blick geworfen. Das Waschbecken mit Handtuch, das Campingbett, einen Stuhl und den winzigen Schreibtisch samt der blubbernden Kaffeemaschine bekommst du heute zum ersten Mal zu Gesicht, ebenso den vorsintflutlichen Computer.

Der Bibliothekar dehnt und streckt sich, dann schaltet er

den Rechner ein. Er will heute anscheinend Buchtitel eingeben und vermutlich sollst du sie ihm ansagen. Leise trittst du hinter den Bibliothekar, der mit der Tasse in der Hand vor dem Bildschirm sitzt. Auf dem Monitor des Büchereicomputers ist ein merkwürdiges Hintergrundbild zu sehen. Es kann sich nur um eine Bibliothek handeln. Das Bild zeigt hunderte Buchrücken, ziemlich alte, wenn dich nicht alles täuscht. Rücken an Rücken, dicht gedrängt, stehen sie auf ebenholzschwarzen Regalen. Es ist eine Bücherei mit uralten Folianten, man sieht sogar auf dem Bildschirm, wie wertvoll sie sein müssen.

„Wo ist das?", flüsterst du und deutest auf den Monitor.

„Trinity", murmelt Buchinger ohne aufzusehen, aber seine Stimme hat einen ehrfürchtigen Klang. „Der Long Room im Trinity College."

„Wo? In welcher Stadt?"

Buchinger lächelt: „Ich gebe dir ein Rätsel auf. Das ist heute wieder so ein Tag der Rätsel. Hast du Papier und Bleistift? Gut! Nimm den sechsten und siebenten Buchstaben vom Titel des zweiten Buches vom roten Regal. Nimm danach den Anfangsbuchstaben des Heiligen, der die Donar-Eiche fällte. Gib den ersten Buchstaben vom Titel des dritten Buches vom roten Regal dazu, den zweiten Buchstaben des ersten Titels vom roten Regal und den letzten Buchstaben vom ersten Wort des ersten Buchtitels vom roten Regal. Du erhältst ein Wort mit sechs Lauten. Es ist der Name der gesuchten Stadt."

Seufzend machst du dich an die Arbeit. Nach wenigen Minuten hast du das Rätsel gelöst. Willst du dein Ergebnis überprüfen? Ja? Weiter bei **152**. Nein? Weiter bei **69**.

69

Buchinger nickt dir anerkennend zu, als du ihm die Lösung nennst. Ein schwärmerischer Ausdruck liegt auf seinem Gesicht. Sein Arbeitseifer hat sich offenbar schon wieder verflüchtigt. „Ach, Irland!", seufzt er. „Diese Musik, diese Balladen von Liebe und Rebellion! Irland – wo Frauen noch richtige Frauen sind und Bücher noch richtige Bücher. Einmal in meinem Leben möchte ich noch nach Irland. In Irland, musst du wissen, wird das schönste Buch der Welt aufbewahrt."

Der Bibliothekar ist offenbar reif für einen Urlaub. Doch nicht Irland ist angesagt, sondern die Reise in das nahe Stift Melk. Der große Wagen des Bürgermeisters steht am folgenden Tag bereit. Neben Kleewein kauert ein Zeitungsfotograf auf dem Beifahrersitz. Du machst es dir – wie Koloman Buchinger – im Fond der Limousine bequem. Nach kurzer Fahrt auf der Autobahn ist die Ausfahrt Melk erreicht. Das berühmte Stift ist gar nicht zu übersehen. Hoch über der Donau thront es mit seinen Doppeltürmen und der mächtigen Kuppel majestätisch auf einem Felsen. Koloman Buchinger bekommt leuchtende Augen.

Auf dem Parkplatz vor dem Stiftspark stehen dutzende von Autobussen aus nah und fern, aus Bayern, aus Polen, der Slowakei, aus Tschechien, Belgien, Frankreich, den Niederlanden. Doch Bürgermeister Kleewein steuert seine Limousine bis in den riesigen Stiftshof, dem vereinbarten Treffpunkt. Pater Albero wartet bereits. Der Bibliothekar überreicht ihm ein Päckchen. Der Mann von der Zeitung schießt ein Foto vom Bürgermeister. Willi Kleewein setzt ein breites

Lächeln auf. Koloman Buchinger will nicht mit aufs Bild.

Der Pater, ein freundlicher Mann mit Halbglatze, beginnt die Führung. Er holt weit aus, als er auf die Kunstschätze des Stiftes Melk zu sprechen kommt. Eine Weile hörst du zu, doch irgendwann unterdrückst du nur mehr mit Mühe ein Gähnen. Die Erzählung ist etwas langatmig, wie dir vorkommt, gleichzeitig aber immer wieder interessant. Möchtest du dem Pater zuhören? Dann lies im folgenden Abschnitt 70 weiter. Nein, du hältst Geschichte sowieso für überholt und die Führung geht dir zu langsam? Dann weiter bei 71. Es könnten dir allerdings ein paar wichtige Hinweise entgehen!

70

„Eine der Kostbarkeiten in Melk ist der Unterkieferknochen mit einem Backenzahn des heiligen Koloman", berichtet Pater Albero. Du zwingst dich zur Aufmerksamkeit. Von Zeit zu Zeit schaust du zum Bürgermeister, dann wieder zum Bibliothekar. Bürgermeister Kleewein wirkt ungeduldig. Ihm fällt es sichtlich schwer zuzuhören, während Koloman Buchinger andächtig lauscht. Naja, schließlich geht es um den Unterkiefer seines Namenspatrons ...

„Die Legende berichtet, dass im Jahre 1010 ein irischer Königssohn namens Koloman zu einer Pilgerreise ins Heilige Land aufbrach. Doch er sollte sein Ziel nie erreichen. Unbehelligt wanderte er zunächst als einfacher Pilger durch Frankreich, Deutschland und die oberen Donaulandschaften. Doch in der Nähe von Wien, bei Stockerau,

Der heilige Koloman.
Holzschnitt von Albrecht Dürer, 1513

geriet er in Gefangenschaft. Koloman gelang es nicht, den Verdacht, ein Spion zu sein, zu entkräften. Eine aufgebrachte Menge forderte seine Folter. Die Bürger von Stockerau sägten dem Fremdling die Beine ab und knüpften ihn zuletzt an einen dürren Baum. Eine andere Legende erzählt, der hungernde Pilger habe eine Rübe aus einem Acker gestohlen. Das – und nicht der Verdacht der Spionage – sei ihm zum Verhängnis geworden und habe ihm das Leben gekostet. Wie auch immer: Als der verdorrte Holunderbaum nach Kolomans gewaltsamem Tod wieder Blätter und Knospen trug, als der Leichnam des irischen Pilgers nicht verweste und in seinem Grab trotz aller Überschwemmungen trocken und unversehrt blieb, begann man ihn bald als Heiligen zu verehren. Schon fünf Jahre später ließ Markgraf Heinrich I. Koloman ausgraben und nach Melk bringen, wo er einen Ehrenplatz in der Stiftskirche erhielt. Allerdings dürfte Kolomans Kinnlade vorerst in Stockerau verblieben sein, denn noch vor 350 Jahren verehrte man dort seinen Unterkiefer sowie ein Stück des Holunderbaumes, an dem der unschuldige Tourist sein Leben aushauchte.

Als sich zahlreiche Wunder ereigneten, wurde das junge Kloster Melk bald zum Wallfahrtsort. Sankt Koloman ließ nicht Pech und Schwefel regnen, sondern nur Gnade und Wohltaten. Der Heilige, der oft als Pilger mit Schlapphut dargestellt wird, wird gern von heiratslustigen Mädchen mit dem Spruch angerufen: Heiliger Sankt Koloman / schenk mir bitte einen Mann."

„Das ist mir neu", wirft Koloman Buchinger ein. „Dass ihn die heiratslustigen Mädchen anrufen, höre ich zum ersten Mal ..."

„Nicht nur den Mädchen, auch den Pferden soll er immer wieder geholfen haben. Das Kolomanibüchel mit einem Pferdesegen galt als beliebtes Zauberbuch. Und für die Rübenbauern des Landes wurde Koloman zum Schutzpatron.

Der Behälter mit Kolomans Unterkiefer, die Kolomani-Monstranz, hat die Form eines Holunderbaumes. Doch das ist nur ein Kunstschatz von vielen in unserem Stift. Immer wieder machten im Lauf der Jahrhunderte reiche Menschen den Klöstern Geschenke. So wurden die Klöster zu Schatzkammern abendländischer Kultur. Andererseits waren sie aber auch immer Orte der Wissenschaft und Forschung. Man versuchte hier, den Geheimnissen der Schöpfung auf den Grund zu gehen."

„Genau", flüstert der Bürgermeister. „So sehe ich das auch. Bestimmt wollten die Mönche auch in Melk dem Länger-leben-Rezept auf die Spur kommen. Buchinger, ich spür's: unser Buch könnte hier sein!"

„Warten wir's ab!", antwortet Buchinger leise.

Weiter bei **71**.

71

Inzwischen seid ihr in der weltberühmten Bibliothek angekommen. Du weißt gar nicht, wohin du zuerst sehen sollst, so viele Eindrücke stürmen in dem prunkvollen Saal gleichzeitig auf dich ein. Der japanischen Touristengruppe, die von der anderen Seite die Bibliothek betritt, geht es kaum anders. Ausrufe der Begeisterung werden laut, Kameras gezückt.

„Wir befinden uns jetzt in einem der schönsten Räume des Stiftes Melk: der bekannten Bibliothek“, setzt Pater Albero seinen Vortrag fort. „Hier befinden sich einige wertvolle Handschriften, von denen manche noch nie öffentlich gezeigt wurden. Ein Kloster ohne Bibliothek ist wie eine Burg ohne Waffenkammer, sagte einmal jemand. Treffend, nicht wahr?“

„Oder wie ein Rathaus ohne Bürgermeister“, wirft Willi Kleewein ein. Aus den Augenwinkeln beobachtest du den Politiker. Er hat seine Jacke ausgezogen und die Hemdsärmel unternehmungslustig hochgekrempelt.

Der Pater geht nicht auf die Bemerkung des Bürgermeisters ein. „Bis ins 12. Jahrhundert“, fährt er fort, „waren Bücher ausgesprochen selten und fast nur in Klosterbibliotheken zu finden. Alles wurde damals mit der Hand geschrieben. Mönche, die besonders schön schreiben und zeichnen konnten, verbrachten viele Stunden mit dem Abschreiben von Büchern im Skriptorium, wie die Schreibstube genannt wurde. Für die Bibel brauchte ein Mönch etwa ein Jahr. Zur Ehre Gottes wurden viele Handschriften mit Verzierungen und Bildern in leuchtenden Farben und Blattgold geschmückt. Erst um 1450 wurde der Buchdruck mit beweglichen Lettern durch Johannes Gutenberg in Europa bekannt. Seitdem konnten Bücher rasch vervielfältigt werden. Das führte dazu, dass immer mehr Menschen Bücher besaßen und auch lesen und schreiben konnten.“

Ab und zu wirfst du einen müden Blick auf Bürgermeister Kleewein. Du merkst, wie seine Ungeduld wächst. Immer wieder wandert sein hektischer Blick durch den prachtvollen Saal über die Rücken der unzähligen Bände.

Was erwartet er sich? Wie will Kleewein hier ein einzelnes Buch unter tausenden ausfindig machen? In diesem Stift gibt es angeblich noch elf weitere Bibliotheksräume! Nervös trommeln die Finger seiner Rechten gegen die Knöchel seiner Linken, während du dich langsam dem Zustand des Halbschlafs näherst. Der ausführliche Vortrag von Pater Albero zeigt Wirkung, seine monotone Stimme lullt dich ein. Deine Augenlider werden zentnerschwer. Als Entschuldigung kannst du vorbringen, dass du dich bereits am Vormittag fünf Schulstunden lang berieseln lassen musstest. Es kommt, wie es kommen muss: Für einen Moment fällst du stehend in Schlaf. Dagegen ist der beste Detektiv der Welt nicht gefeit. Weiter bei 72.

72

Bevor du aber dein Gleichgewicht verlierst, schreckst du zusammen und reißt die Augen auf. Das harmonische Bild des Prunksaales wird auf einmal durch einen Fremdkörper gestört. Du brauchst ein paar Sekunden, bis du begriffen hast, was es ist: Auf einer der Vitrinen – mitten in der Bibliothek – steht eine Bierflasche! Weiter bei 73.

73

Eine Bierflasche in der Bibliothek eines weltberühmten Klosters? Das ist absolut ungewöhnlich! So ungewöhnlich wie ein Buch unter lauter Flaschen in der Abfüllanlage einer

Bierbrauerei. Diese Flasche hier ist etwas kleiner als übliche Bierflaschen. Und sie hat eine andere Form! Während Pater Albero gestenreich von Paul Troger erzählt und die anderen Besucher mit zurückgelegten Köpfen das Gemälde an der Decke bestaunen, gehst du leise näher an die Vitrine, um das Etikett zu betrachten. Irish Beer. Imported from Ireland! In dieser Flasche war kein heimischer Gerstensaft! Plötzlich bist du wieder hellwach. Deine Gedanken beginnen zu rotieren.

Es ist schon seltsam. Jedes Mal, wenn du glaubst, es geht nicht mehr weiter, wenn du bereits am Sinn deiner Mission zweifelst, gibt es einen neuen Hinweis, ganz so, als würde jemand die Fäden in dieser Geschichte ziehen. Weiter bei **74**.

74

In deinem Kopf schrillen jetzt die Alarmglocken: Ein neuer Hinweis auf Irland! Irland! Koloman! Bonifaz! Jemand ist hier in der Bibliothek, der irisches Bier trinkt! Buchinger und Kleewein kommen nicht in Frage. Ist es der Fotograf? War es einer der Japaner? Führt von Melk eine Spur nach Irland? Sollst du Buchinger auf die Flasche aufmerksam machen? Er scheint sie noch nicht bemerkt zu haben. Hingebungsvoll lauscht er dem Vortrag Pater Alberos.
Weiter bei 75.

75

Buchingers Gelassenheit wirkt auch auf dich ansteckend. Nach und nach beruhigen sich deine Nerven wieder. Bist du wieder einmal das Opfer deiner blühenden Fantasie geworden? Hinter den alltäglichsten Dingen vermutest du bereits Geheimnisse! Was hat diese Bierflasche schon zu bedeuten? Besucher aus vielen Ländern kommen nach Melk, um das Stift zu besichtigen. Darunter war eben ein Tourist aus Irland, einer, der nicht auf seine gewohnte Biermarke verzichten wollte. So muss es gewesen sein, so und nicht anders.

Erleichtert wendest du dich wieder dem Pater zu. Und wirklich tritt ein, womit du nicht mehr gerechnet hast an diesem Nachmittag. Pater Alberos Vortrag wird noch einmal spannend. Du schnappst eine interessante Bemerkung des Mönchs auf. Weiter bei 76.

„Es gibt übrigens“, sagt der Pater, ohne seinen Tonfall zu ändern, „einen neu entdeckten Schatz in unserer Bibliothek.“

„Ja? Tatsächlich?“, ruft der Bürgermeister, ohne sich um Buchingers warnenden Blick zu kümmern. Schnell macht er einen Schritt auf den Mönch zu. „Ich wusste es! Die ganze Zeit schon wusste ich es. Reden Sie bitte! Raus mit der Sprache, wenn ich bitten darf!“

Der Klosterbruder blickt befremdet auf den ungeduldigen Besucher, während der Mann von der Zeitung ein Foto schießt.

„Eine junge Wissenschaftlerin hat vor kurzem eine alte Abschrift entdeckt, eine Abschrift, die zwischen 1140 und 1250 entstanden sein muss ...“

„Wo ist sie?“, ruft Kleewein erregt und lockert seine Krawatte. „Wir müssen sie sehen!“

„Wen?“, fragt der Pater irritiert.

„Die Wissenschaftlerin“, sagt Buchinger und lächelt.

„Die Abschrift natürlich!“, ruft der Bürgermeister und öffnet den obersten Hemdknopf. „Ich bitte Sie, Eminenz, fassen Sie sich kurz!“

„Dieses Fragment“, erklärt der Mönch, „war in einer spätmittelalterlichen Handschrift eingebunden und deshalb ...“

„Genau wie ich angenommen habe“, unterbricht ihn der Bürgermeister. Sein Gesicht hat sich gerötet, Schweißtröpfchen stehen auf seiner Stirn. Jetzt reckt er die Faust triumphierend in die Luft. „Wir haben sie! Wir sind am Ziel! Sie sprechen doch von ... von der Lebensgeschichte des Bonifatius?“

Der Pater sieht ihn verwirrt an, dann schüttelt er den Kopf. „Bonifatius? Ich glaube, hier liegt ein Irrtum vor. Das Fragment, von dem ich spreche, war eine Abschrift des Nibelungenliedes aus der Zeit um 1300."

Der Bürgermeister ist sprachlos. Dann sinkt er entmutigt auf eine Bank. „Eine Abschrift des Nibelungenliedes", murmelt er tonlos. „Das kann doch nicht sein! Sind Sie sicher, Pater? Ist ein Irrtum ausgeschlossen?"

„Wir besitzen hunderte Lebensgeschichten von Heiligen, bestimmt auch dutzende Biografien des heiligen Bonifatius", sagt der Mönch und sieht in einem Verzeichnis nach. „Aber wir besitzen sie schon seit Jahrhunderten. Da ist kein Neuzugang eingetragen. Wenn Sie wollen, kann ich auch im PC nachsehen."

Der Bürgermeister wirft einen fragenden Blick zu Buchinger. Der schüttelt kaum merklich den Kopf.

„Vergessen Sie's", murmelt der Bürgermeister mit belegter Stimme.

„Warum sollte ich es vergessen?", fragt der Pater erstaunt. „Ich erzähle das bei jeder Führung."

„Ach, vergessen Sie's, dass Sie's vergessen sollten", knurrt Kleewein.

„Äh, was halten Sie von der Theorie, dass das Nibelungenlied von einer Frau geschrieben worden sein soll?", fragt Buchinger den Pater, um die Situation zu überbrücken, während der Bürgermeister wie ein k. o. geschlagener Boxer in eine Ecke wankt.

„Da könnte was dran sein", nickt der Mönch. „Nach den neuesten Forschungen darf man das nicht von der Hand weisen."

„Ich würde sagen, es ist nicht nur nicht von der Hand zu weisen, es deutet eine ganze Menge darauf hin. Ich bin überzeugt, Pater: Es war eine Frau“, sagt Buchinger. „Ich sehe sie richtig vor mir ...“

„Schluss!“, ruft Kleewein und tut, als würde er sich die Ohren zuhalten. „Ich muss nachdenken.“ Weiter bei **77**.

77

Damit hat die Führung ein überraschendes Ende gefunden. Pater Albero verabschiedet sich bestürzt. Nach dem Besuch der Bibliothek geht es wieder ins Freie. Der Bürgermeister stellt sich vor der steinernen Brüstung noch einmal in Positur und fletscht freundlich die Zähne, damit der Mann von der Zeitung ein weiteres Foto schießen kann. Doch kaum hat er seine Kamera eingepackt, gerinnt Kleeweins Lächeln zur Maske.

„Großartig“, murmelt hingegen der Bibliothekar heiter und rudert mit seinen langen Armen begeistert in der Luft. „Ich fühle mich wie aufgeladen, Herr Bürgermeister! Ein wunderbarer Nachmittag! Sie müssen zugeben, Stift Melk war eine Reise wert! Wir stehen auf historischem Boden! Dieser weite Blick hinunter ins Donautal! Wenn man bedenkt, dass sie hier einmal durchgezogen sind, vor vielen hundert Jahren.“

„Wer denn, was denn?“, fragt der Bürgermeister mürrisch und steckt sich eine Zigarette an.

„Die Nibelungen natürlich. Entschuldigung, ich bin in Gedanken noch immer bei den Nibelungen. Kennen Sie das Nibelungenlied? Es ist eine großartige Dichtung. Eine wunderbare Liebesgeschichte voller Tragik und Dramatik. Und immer dachte man, ein Mann hätte es geschrieben."

Der Bürgermeister sieht ihn schief an. „Ach, hören Sie mir mit den verflixten Nibelungen auf! Die gehen uns nichts an. Uns hat der Bonifaz zu interessieren! Und was ist denn so großartig gelaufen? Ich glaube, Sie waren im falschen Film, mein Lieber! Was war denn großartig an diesem blamablen Auftritt?"

„Die Bücherregale mit den Einlegearbeiten", schwärmt Buchinger ungerührt und packt den Bürgermeister am Arm. „Haben Sie diese herrlichen Intarsien gesehen? Und die Buchrücken, die farblich darauf abgestimmt sind! Der Troger an der Decke, die leuchtenden Farben, die der Maler verwendete ... die eiserne Wendeltreppe, die zu den anderen Sälen führt."

„Wendeltreppe? Troger an der Decke? Das alles ist mir schnurzregal, Buchinger", schnarrt der Bürgermeister. „Äh ... schnurz-e-gal. Verstehen Sie doch endlich, Mann! Was mich interessiert, ist der Band aus unserer Bibliothek. Der Band mit dem Länger-leben-Rezept. Und der fehlt! Fehlt, weil Sie Ihre Augen nicht offen gehalten haben! Fehlt noch immer. Wir hätten uns einen Bonifaz aus der Stiftsbücherei leihen sollen. Wir hätten wenigstens einen Blick hineinwerfen können! Warum, in drei Teufels Namen, haben Sie abgewunken?"

„Ich glaube kaum, dass man uns das Buch geborgt hätte. Und selbst wenn: Sie wären enttäuscht gewesen! Ich versichere Ihnen, das ist nicht ‚unser' Bonifaz! Das ist nicht der Bonifaz, den wir suchen! Das ist eine geschönte Version vom

Leben eines Heiligen ohne Kanten und ohne Ecken. Fromm, bieder und brav. Ja, verkitscht und geschönt. Und garantiert ohne Länger-leben-Rezept. Da geh ich jede Wette ein!"

„Geschönt?"

„Naja, Herr Bürgermeister, man darf in so einer Biografie nicht jedes Wort auf die Goldwaage legen."

„Verstehe", sagt Kleewein nach einer Nachdenkpause versöhnlicher. „In meiner stimmt ja auch nicht jede Einzelheit. Übrigens: Was ist eigentlich ein Fragment?"

„Das ist ein Fragment", erklärt Buchinger und entfaltet ein Blatt Papier aus seiner Brieftasche. Es ist die Kopie der geheimnisvollen Botschaft vom Bücherei-Regal.

Bürgermeister Kleewein nickt. „Verstehe. Den Zettel haben Sie wohl immer dabei?"

Buchinger schlägt sich plötzlich mit der Hand gegen die Stirn. „Vielleicht kann Pater Albero den Text deuten!", ruft er aufgeregt. „Wir sollten ihn unbedingt fragen! Schnell, wir müssen noch einmal rein in den Saal!"

Und der Bibliothekar stürmt mit Riesenschritten den Weg zurück, den ihr eben erst gekommen seid, ohne sich darum zu kümmern, ob ihm jemand folgt oder nicht. Kleewein packt seinen Fotografen am Ärmel und rennt hinter Buchinger drein. Was bleibt dir anderes übrig, als dich anzuschließen? Weiter bei 78.

78

Tatsächlich weilt Pater Albero noch in der Bibliothek, als müsste er sich erst vom Schock der letzten Führung erholen. Du kannst dir gut vorstellen, dass er nicht alle Tage Besucher wie Bürgermeister Kleewein durch die Räume des Stiftes lotst. Von bösen Ahnungen erfüllt, tritt er sofort einen Schritt zurück, als er den Bürgermeister erblickt, der sich hinter Buchinger durch die Pforte drängt. Bestimmt ist es nur dem Bibliothekar zu verdanken, dass der Pater noch nicht durch eine Geheimtür entschwunden ist.

„Einen Augenblick, Pater! Wir wollten Sie noch was fragen!“, keucht Buchinger und winkt heftig mit der Abschrift. „Können Sie damit etwas anfangen?“

Der Mönch seufzt und wirft einen Blick auf die Kopie. Dann liest er langsam und halblaut: *„Du wirst Verschlingungen erkennen von solcher Feinheit und Zartheit, solcher Gedrängtheit und Dichte, solcher Fülle an Knoten und Zwischengliedern, mit so frischen und glänzenden Farben, dass du glauben könntest, das alles sei nicht das Werk eines Menschen ...“*

„Aber ... aber natürlich kenne ich das“, erklärt der Pater und seine Augen beginnen zu funkeln. „Das ist ... warten Sie mal ... ja, kein Zweifel, das ist Geraldus Cambrensis, 13. Jahrhundert! Aber das Zitat ist nicht vollständig. Warten Sie, warten Sie! Der erste Satz der Beschreibung heißt: *‚Untersuche es sorgfältig, und du wirst bis zum wahren Heiligtum der Kunst vordringen.‘* Und der Schluss muss lauten: ‚*... dass du glauben könntest, das alles sei nicht das Werk eines Menschen, sondern eines Engels.*‘“

„Ja, und?“, fragt Bürgermeister Kleewein ungeduldig. Er lässt Buchinger gar nicht erst zu Wort kommen. „Eine Beschreibung? Was wird denn beschrieben?“

„Geraldus Cambrensis beschreibt das weltberühmte *Book of Kells.*“

„Jetzt verstehe ich nur mehr Bahnhof“, sagt der Bürgermeister kopfschüttelnd. „Können Sie nicht deutlicher werden? Geraldus Cambrensis? *Book of Kells*? Nie gehört! Und es geht um ein Buch? Sind Sie sicher? Er spricht doch von menschlichen Verschlingungen! Beschreibt er ein medizinisches Problem? Handelt es sich um ein Kochbuch? Oder – geht’s dabei um Sex?“

Koloman Buchinger windet sich, als würde er von heftigen Leibschmerzen geplagt. Schon die ganze Zeit will er erklärend eingreifen, aber bevor er noch den Mund aufmachen kann, hat Kleewein schon wieder das Wort an sich gerissen.

„Sex? Aber ich bitte Sie!“, ruft der Mönch und errötet ein wenig. „Wie kommen Sie denn darauf? Ich sagte doch vorhin bei der Führung: Die Handschriften wurden mit Verzierungen und Bildern in leuchtenden Farben und Blattgold geschmückt. Beantworten Sie mir nur eine Gegenfrage, wenn ich neugierig sein darf: Wie sind Sie bloß an diesen Text geraten?“ Der Bürgermeister winkt ab. „Das tut nichts zur Sache. Das heißt, genau wissen wir es eigentlich selbst nicht mehr. Das war’s dann wohl. Vielen Dank, Pater!“

Bevor du die prunkvolle Bibliothek zum zweiten Mal verlässt, wirfst du einen raschen Blick auf die Vitrine in der Mitte des Saales. Die Bierflasche ist verschwunden! War sie nur eine Einbildung? Weiter bei 79.

79

Auf der Heimfahrt sind die Rollen plötzlich vertauscht. Koloman Buchinger gibt den Ton an. Er redet über das ge-

heimnisvolle *Book of Kells* und gerät immer mehr ins Schwärmen. Der Bibliothekar ist nicht zu bremsen. Er gestikuliert mit den Händen und, hätte er mehr Platz im Fond des Wagens, würde er wohl auch die Füße zu Hilfe nehmen, so groß ist seine Begeisterung. Kleewein hingegen wirkt abwesend und bedrückt. Er, der sonst das große Wort führt, gibt auf Fragen kaum Antworten und wenn, dann zerstreut und unzusammenhängend. Die Enttäuschung steht ihm ins Gesicht geschrieben. Das Steuer seines großen Wagens hat er dem befreundeten Pressefotografen überlassen.

Du überlegst die ganze Zeit, ohne zu einem neuen Ergebnis zu kommen. Doch eines ist klar: Das *Book of Kells* ist ein Fingerzeig. Die Hinweise auf Irland häufen sich!

Kurz vor Ende der Fahrt bricht Kleewein endlich sein Schweigen und wendet sich an den Bibliothekar: „Warum lesen *Sie* eigentlich, Buchinger? Was finden *Sie* denn an all diesen Büchern? Oder in den Büchern?"

„Wollen Sie's wirklich wissen, Herr Bürgermeister? Hier haben Sie die Antwort: Lesen ist mein ganz privates Längerleben-Rezept."

Du horchst auf. Buchinger hat sein eigenes Längerleben-Rezept? Ist der Bibliothekar ein Weltverbesserer, ein Missionar? Du erinnerst dich, dass er einmal sagte: „Die Menschen sind süchtig nach Rezepten, Anleitungen, Formeln und Lebensregeln." Oder so ähnlich ...

„Das Leben nicht zu leben", erklärt Buchinger, „war die schwerste Sünde bei den Kelten. Wenn ich lese, Herr Bürgermeister, lebe ich mein Leben gleich mehrfach; zehn-, zwanzig-, hundert-, tausendfach. Jedes Buch ein neues Leben – ich bin Arzt in der Zeit der russischen Revolution oder ein Südfranzose, der Seidenraupen kauft. Ich bin ein Abenteurer, der in der Schneewüste Alaskas nach Gold sucht, oder ein Alchimist, der es in seinem Labor herzustellen versucht. Ich bin Dr. Faustus, Dr. Jekyll, Dr. Schiwago oder Dr. Doolittle, ich bin Odysseus, ein Etruskerfürst oder Dietrich von Bern. Ich bin der Ritter, den es nicht gab, oder der junge Novize Adson von Melk. So viele Leben lebe ich, Herr Bürgermeister, und noch viele mehr." Weiter bei **80**.

80

Vor dem Rathaus warten bereits mehrere Journalisten auf den Bürgermeister. Wie ein Pfeilhagel schwirren ihre Fragen auf den Bürgermeister nieder, als Kleewein die Autotür öffnet. „Nun, Herr Bürgermeister, haben Sie die Bücher gefunden?" „Was ist mit dem Länger-leben-Rezept?" „Gibt es schon einen Pächter für das Wellness-Hotel?" „Wo soll es gebaut werden?" „Haben Sie den Namen ‚Bonifaz' schon schützen lassen?" „Herr Bürgermeister! Herr Bürgermeister, warten Sie doch!"

Doch Kleewein hebt abwehrend die Hände und verschwindet eilig in seinem Büro. Weiter bei **90**.

81

Tags darauf bist du natürlich wieder auf dem Weg zur Bibliothek, einmal mehr. Du willst dich einfach nach dem letzten Stand der Dinge erkundigen. Ob Bürgermeister

Kleewein seine Enttäuschung überwunden hat. Ob es aus der Bevölkerung Hinweise auf die verschwundenen Bücher gibt. Oder ob Buchinger etwas Neues herausgefunden hat. Ob die Journalistin noch einmal aufgekreuzt ist. Die Bücherei ist zur geheimen Informationszentrale geworden.

Du gehst deinen Weg durch den Arkadenhof und kommst am gelben Sammelcontainer vorbei, der dringend auf seine Entleerung wartet. Im Hinterhof des Rathauses empfangen dich heute ungewohnter Lärm und Gestank. Genau vor dem Eingang zur Bücherei steht ein Lieferwagen mit laufendem Motor. Es ist der Lieferwagen der Firma Manzenreiter-Moden, der dich in eine blaue Abgaswolke hüllt, als du ankommst. Du kannst an einer Scheibeninnenseite gerade noch einen Klebezettel mit der Aufschrift „Zu verkaufen“ erkennen. Was hat das nun wieder zu bedeuten? Du musst Koloman Buchinger gleich danach fragen. Weiter bei 82.

82

Du drückst das knarrende, alte Tor auf, betrittst die Bücherei – und dein Herz macht einen Satz. Vor Überraschung möchtest du aufschreien. Im Halbdunkel des Vorraums steht Koloman Buchinger. Er wendet dir den Rücken zu, doch du erkennst, dass er eine schlanke Gestalt eng und fest an sich drückt. Regungslos, wie tot, liegt sie in seinen Armen. Anscheinend versucht Buchinger, sie in die Bibliothek hineinzutragen. Fassungslos starrst du auf das ungleiche Paar. Wachst du oder träumst du? Was um

Himmels willen geht da vor? Bist du Zeuge eines Unglücks geworden? Oder gar eines Verbrechens? Hundert Gedanken auf einmal schießen dir durch den Kopf. Was tun? Die Polizei rufen? Einen Notarzt? Oder ist alles ganz harmlos? Hat Buchinger endlich die Liebe seines Lebens gefunden? Ist seine Traumfrau auf altmodische Art in Ohnmacht gefallen? Wird Buchinger gleich ein Fläschchen Riechsalz aus einer Tasche seines grauen Anzugs holen? Sollst du dich in diesem Fall taktvoll zurückziehen? Weiter bei 83.

83

Doch dies hier ist eine öffentliche Bücherei, und um diese Zeit ist sie ganz öffentlich geöffnet! Zu sehr bist du in deine Detektivrolle hineingewachsen, als dass du dieses Rätsel ungelöst lassen willst, das Rätsel um die schlanke Frauengestalt, die da bewegungslos in den Armen des grauen Bibliothekars hängt. Denn dass es eine Frau ist, kannst du selbst im Dämmerlicht eindeutig erkennen, eine Frau mit einer tollen Figur, schlank wie ein Top-Model. So wie es aussieht, ist sie nackt. Doch ist sie wirklich tot? Oder nur ohne Bewusstsein? Was um Himmels willen geht hier eigentlich vor? Sollen das etwa Wiederbelebungsversuche sein, die der Bibliothekar an dieser Unbekannten vornimmt? Buchinger zieht und zerrt an ihrem Arm, verdreht ihn, dass es nur so knackt, doch die Frau lässt alles widerstandslos und schweigend über sich ergehen. Das Ganze ist so unglaublich, so unwirklich, so unheimlich! Ein kalter Schauer nach dem anderen läuft dir über den Rücken.

Koloman Buchinger – der Mann mit den zwei Gesichtern! Ein Bibliothekar im Zwielicht! (Du denkst bereits in Schlagzeilen.) Wo bist du da nur hineingeraten? Was hat dir deine Deutschlehrerin da angetan? Ja, Frau Russmann ist an allem Schuld. Eine Verkettung von verhängnisvollen Umständen macht dich zum Mitwisser! Weiter bei 84.

84

Jetzt hat dich Buchinger bemerkt. „So steh doch nicht rum wie Lots Weib, sondern hilf mir!“, ruft der Bibliothekar. Doch deine Beine wollen dir nicht gehorchen, du fühlst dich noch immer wie unter Schock. Zu unwirklich ist alles, was du hier siehst, und du fährst dir mit der Hand über die Augen, um zu überprüfen, ob du nicht einfach nur träumst!

„Hast du schon gehört? Manzenreiter-Moden sperrt zu“, sagt Koloman Buchinger und lässt die schlanke Dame aus

seinen Armen gleiten, sodass sie polternd zu Boden fällt. Das Geräusch geht dir durch Mark und Bein. Dann wischt sich der Bibliothekar mit einem graukarierten Stofftaschentuch theatralisch den Schweiß von der Stirn. „Wir haben billig fünf Schaufensterpuppen bekommen. Unbekleidet natürlich. Damit lassen sich wirkungsvolle Effekte erzielen! Ich bin gerade dabei, ein paar Handgelenke abzumontieren. Die nehmen wir eine Woche lang als Buchstützen! Ein anderes Mal verwenden wir die Köpfe. Und irgendwann werden wir die Puppen als Romanfiguren verkleiden, vielleicht nächsten Fasching, und in der Bibliothek zwischen den Regalen aufstellen: Robinson Crusoe, Dr. Schiwago, Old Shatterhand, Pippi Langstrumpf, Momo, Don Quichote ... Ach, dieser Koloman Buchinger ... Weiter bei **85**.

85

Gemeinsam mit dem Bibliothekar schleppst du die Puppen, drei weibliche und zwei männliche, in das Hinterzimmer der Bücherei. Der Schreck sitzt dir noch immer in den Gliedern. Dabei hat die Geschichte so harmlos mit deinem Deutschreferat begonnen! Wo soll das alles noch hinführen? Weiter bei **86**.

86

„Ich muss dich um einen Gefallen bitten“, murmelt der Bibliothekar, nachdem ihr die Puppen verstaut habt.

„Kannst du heute die Nachtwache hier übernehmen? Nur bis Mitternacht, dann komme ich, um dich abzulösen. Ich muss zu einer wichtigen Besprechung und wüsste nicht, wen ich sonst fragen könnte. Hanna ist verhindert. Deine Deutschlehrerin hat auch keine Zeit. Und seit hier so viele Reporter ihr Unwesen treiben, möchte ich die Bücherei nicht mehr unbewacht lassen.“

Selbstverständlich sagst du gern zu. Die Vorstellung, eine halbe Nacht in der alten Bücherei zu verbringen, macht dir nicht Angst – im Gegenteil, du freust dich darauf. Wie war das nur: „Schmökern in einer Bibliothek“, sagte Buchinger einmal, „heißt Eintauchen in Fantasiewelten voll fremder, mysteriöser Wesen ...“ Du wirst nach Herzenslust schmökern und eintauchen können, denkst du. Und vielleicht schaffst du es sogar, endlich dein Referat fertig zu bekommen. Weiter bei **87**.

87

So sehr du dich am Nachmittag noch auf diese Lesenacht gefreut hast – am Abend ist die Begeisterung plötzlich verflogen und hat einem Gefühl der Unsicherheit Platz gemacht. Von bösen Vorahnungen erfüllt, betrittst du kurz nach acht die Bibliothek. Buchinger erwartet dich schon, versorgt dich mit Buchtipps, verspricht, pünktlich um Mitternacht wieder da zu sein und dann verlässt er dich. Im Vorraum flüstert er dir noch etwas zu: „Einsamkeit ist der Schlüssel zur Tapferkeit ... Ein alter keltischer Sinnspruch.“

Ein richtiger Schlüssel, mit dem man das alte Tor ver-

schließen könnte, wäre dir entschieden lieber. Angeblich hat der Bürgermeister bereits ein Schloss in Auftrag gegeben. Draußen dämmert der Frühsommerabend. Der Mond steht rund und voll am Himmel. Zum Lesen fehlt dir die innere Ruhe. Obwohl du ein paar interessante Bücher entdeckt hast, unterbrichst du immer wieder deine Lektüre und lauschst, ob du etwa das alte Tor knarren hörst. Dann wanderst du unruhig zu dem einzigen Fenster der Bücherei, dem Fenster im hinteren Hinterzimmer. Das Vollmondlicht flutet durch die Scheiben und zeichnet den Schatten des Fensterkreuzes auf den Boden der Bücherei. Draußen siehst du eine magere, struppige Katze über den Hof schleichen. Alles ist still. Es gibt nichts, was dich beunruhigen könnte. Weiter bei 88.

88

Irgendwann fallen dir die Augen kurz zu – und plötzlich krallt sich ein schlimmer Gedanke in deinem Kopf fest: Was, wenn dies alles ein abgekartetes Spiel ist, ein grausiges Spiel, bei dem Koloman Buchinger die Regeln vorgibt? Wie Schuppen fällt es dir auf einmal von den Augen: Frau Russmann, die Deutschlehrerin, hat dich ausgesucht, dich, das arglose Opfer! Schon öfter hast du gespürt, dass sie eine Abneigung gegen dich hat. Buchinger hat dich in dieser Vollmondnacht in die einsame Bibliothek gelockt. Ahnungslos bist du in die Falle getappt!

Und plötzlich – wie aus dem Nichts – taucht die Gestalt des grauen Koloman Buchinger schon vor dir auf. Kalter

Angstschweiß tritt aus deinen Poren. Buchingers Handrücken sind jetzt dicht behaart, du siehst es genau, als er langsam und wortlos näher kommt. Seine Arme haben sich in Pfoten verwandelt, die Ohren sind gewachsen und seltsam zugespitzt. Wie das Kaninchen auf die Schlange starrst du auf den Bibliothekar, unfähig, dich auch nur einen Millimeter zu bewegen. Und als er das Maul öffnet, aus dem ein scheußliches Hecheln kommt, siehst du in namenlosem Schrecken zwei fürchterlich spitze Reißzähne. Koloman Buchinger, der Bibliothekar des Grauens, der in jeder Vollmondnacht zum Werwolf wird! Da wird dir mit einem Schlag klar, welcher besondere Saft das rote Regal rot gefärbt hat: Es war Menschenblut! Weiter bei 89.

89

Mit einem lang gezogenen Schrei macht sich deine Angst Luft – und du erwachst. Schweißperlen stehen auf deiner Stirn. Der Werwolf Koloman ist verschwunden. Du bist mutterseelenallein in der Bücherei. Wie spät ist es? War alles nur ein Traum? Fröstelnd wickelst du dich in deine Kapuzenjacke. Doch bist du wirklich allein? Ist da nicht ein leises Rascheln? Nein, jetzt sind auch Stimmen im Vorraum zu hören, gedämpftes Stimmengemurmel ... oder gaukelt dir alles nur deine Fantasie vor? Weiter bei 95.

90

Als du am nächsten Tag in die Bücherei kommst, triffst du den Bibliothekar in einem sonderbaren Zustand an. Buchinger sitzt wie in Trance auf einem Stuhl im Hinterzimmer. Die langen Arme hat er um eine Ausgabe des Nibelungenliedes geschlungen. Sein Blick ist verklärt.

„Ich habe mich verliebt", sagt er zur Begrüßung. „Unsterblich verliebt. Dieser Ausflug nach Melk ist an allem Schuld!"

Der dürre Buchinger hat sich verknallt? Naja, so etwas soll's geben, dass sich auch ältere Menschen noch Hals über Kopf verlieben. Davon hört man hin und wieder. „Herzlichen Glückwunsch", gratulierst du. „Sie müssen sich ja wie im siebenten Himmel fühlen!"

Doch Buchinger stößt nur einen tiefen Seufzer aus.

„Gibt's ein Problem?", erkundigst du dich mitfühlend.

„Eins? Es gibt mindestens zwei Probleme“, seufzt der Bibliothekar und winkt dich näher zu sich heran. Er will dich anscheinend ins Vertrauen ziehen.

„Große Probleme?“

„Unlösbare Probleme“, flüstert Buchinger, als hätte er Angst, irgendjemand könnte mithören. Seine Befürchtung ist berechtigt. Sieben, acht Leute stöbern zurzeit im Hauptraum der Bibliothek in den Regalen. Es kommt dir vor, als würden von Tag zu Tag mehr Menschen die Bücherei besuchen. Wären die Bücher nicht verschwunden, wäre die Bibliothek nie in die Schlagzeilen geraten, denkst du. Wahrscheinlich würde sie dann noch immer im Dornröschenschlaf vor sich hindämmern. Frau Kleewein betreut die neuen Besucher inzwischen aufmerksam mit Freundlichkeit und Sachverstand. Das ist gut so, denn der Bibliothekar sitzt mit Liebeskummer in seinem Kleinraumbüro und blickt drein, als hätte er Darmverschlingung mit einer Fülle an Knoten und Zwischengliedern.

„Herr Buchinger, von mir erfährt keiner etwas“, sagst du in verschwörerischem Ton. „Mir können Sie alles über Ihre neue Herzdame erzählen.“ Die Vertrauensbasis zum Bibliothekar ist längst wieder hergestellt.

Buchinger nickt dir dankbar zu. „Erstens: Sie ist Nonne“, flüstert er. „Eine Ordensfrau.“

Hm. Das ist allerdings ein heikler Fall. Aber Nonnen können doch aus ihrem Orden austreten?

„Wie heißt sie denn?“, fragst du, um die Pause zu überbrücken, die zu entstehen droht.

„Keine Ahnung“, gesteht Buchinger. „Aber ist das wirklich wichtig? Vielleicht heißt sie Hildegund. Oder Mechthild. Oder Theosophia. Oder Agnes. Ihr Name tut doch nichts zur Sache. Ich sehe sie ständig vor mir: Gebildet, klug, zerbrechlich, große blaue Augen im blassen Gesicht. Ein zartes Persönchen, aber eine große Dichterin. Riesentalent. Noch jung. Nicht halb so alt wie ich. Nach dem Tod ihres Mannes ist sie ins Kloster eingetreten. Was blieb ihr auch anderes übrig? Das war damals so üblich."

„Also eine Witwe", stellst du verwundert fest. Dieser Kolo Buchinger ist schon ein schräger Typ. Verknallt sich ausgerechnet in eine junge verwitwete Nonne! Der macht sich doch selbst das Leben schwer. Die letzte Bemerkung Buchingers verstehst du sowieso nicht. Wer zwingt denn eine Frau, deren Mann gestorben ist, ins Kloster zu gehen? „Ist *sie* denn auch in Sie verliebt?"

Buchinger beißt sich auf die Lippen. Ein Blick in das Gesicht des Bibliothekars macht jede Antwort überflüssig. „Ich fürchte: nein", murmelt er trotzdem nach einer guten Weile.

„Das also ist Problem Nummer zwei?"

Buchinger nickt bekümmert. „Es hat mit Problem Nummer zwei zu tun. Sie wird, nein, sie kann meine Liebe nicht erwidern."

Du machst einen neuen Versuch, den Bibliothekar zu trösten. „Wie können Sie so sicher sein? Sie sehen doch gar nicht übel aus für Ihr Alter." – Eine Notlüge! – „Eine Dichterin und ein Bibliothekar würden doch gut zusammenpassen!"

„Stimmt", nickt Buchinger. „Auch Annette war einem Bibliothekar zugetan."

Zugetan. Was soll das denn wieder heißen? Und wer ist Annette? Welche Annette? Ach so, die Annette vom

Friedhof! (Wenn du nicht mehr weißt, um wen es geht, kannst du deiner Erinnerung bei Abschnitt **5** nachhelfen. Vergiss aber nicht, Nummer **90** zu notieren, sonst findest du nicht mehr zurück in die Geschichte!)

„Trotzdem", Buchinger lächelt traurig und schüttelt den Kopf, „diese Liebe hat keine Chance."

„Aber warum? In welches Kloster ist sie denn eingetreten?"

„Meine Nonne? Ins Kloster Niedernberg in Passau."

„Das ist ja nicht so weit weg!"

„Doch", brummt er. „Achthundert Jahre weit weg."

Du schluckst einmal und atmest dann tief durch. So ist das also! Koloman Buchinger ist wirklich zu bedauern. Immer verliebt – immer in die richtige Frau, doch immer zur falschen Zeit. Vielleicht sollte er einmal das Kapitel *Raum und Zeit* in *Erfindungen und Experimente* lesen ...

„Ach was", sagt Buchinger und in seinen Augen blitzt es. „Es muss ja nun wirklich keine Nonne sein, oder? Aber es ist doch wichtig, einen Menschen zu finden, mit dem man leben will. So wie es wichtig ist, einen Platz zu finden, an dem man leben will. Den Platz habe ich vorerst gefunden", fügt er hinzu, als ob er deiner Frage zuvorkommen wollte, und er deutet mit einer ausholenden Handbewegung auf die vollen Regale der Bücherei. „Die Schönheit liebt unscheinbare Orte."

„Ist das von Ihnen?" Der Ausspruch gefällt dir. Den wirst du in dein Referat einflechten.

„Eine alte keltische Weisheit", schmunzelt Buchinger. „Weiß nicht mehr aus welchem Buch. Ich habe weiß Gott schon viele Zitate gelesen. Ein paar davon habe ich im Kopf behalten."

„Vielleicht stammt sie aus der Lebensgeschichte des Bonifaz?“

Buchinger lacht. „Wer weiß? Aber du hast Recht. Wir sollten uns wieder dem Bonifaz widmen. Ein Rätsel ist immerhin gelöst worden gestern in Melk.“ Willst du dem Bibliothekar einmal tröstend auf die Schulter klopfen? Ja? Weiter bei **92**. Nein? Weiter bei **92**.

91

In diesem Augenblick knarrt die Eingangstür. Sie knarrt sehr häufig in letzter Zeit. Frau Kleewein hat schon angeregt, die Scharniere zu schmieren, aber Buchinger ist dagegen. Das Knarren scheint Musik in seinen Ohren zu sein. Du stehst auf, um nachzusehen, wer diesmal kommt. Mittlerweile bist du eine Art Büchereibutler. Und du erlaubst dir einen kleinen Spaß mit Koloman: „Wen darf ich melden? Mechthild von Niedernberg, Verfasserin des Nibelungenliedes?“

Die Frau, die kurz darauf in der Tür der Bücherei steht, hat nichts, nein gar nichts mit einer mittelalterlichen Nonne gemeinsam. Sie trägt einen Minirock und in ihrer topmodischen Frisur steckt eine sündteure Sonnenbrille. Mit wenigen Schritten durchquert sie die Bibliothek. Unter der ärmellosen Lederjacke wird ein Stück nackter Schulter samt Schmetterlings-Tattoo sichtbar, als sie dem Bibliothekar mit gestrecktem Arm ein Diktiergerät unter die Nasenlöcher hält.

„Ich muss Ihnen ein paar Fragen stellen, Herr Buchinger“,

eröffnet sie das Gespräch, ohne sich um die anderen Menschen in der Bibliothek zu kümmern. Sie sagt es in einem Ton, als gäbe es nichts Schöneres auf der Welt als von ihr gestellte Fragen zu beantworten. „Wir wollen einen großen Artikel über Ihre Bücherei bringen, über die Bonifaz-Geschichte und sein ‚Für-immer-jung-Rezept'. Und natürlich über Sie! Wir wollen Sie groß rausbringen!" Die Reporterin setzt ein betörendes Lächeln auf. Wetten, gleich wird Buchinger dahinschmelzen wie Wachs in der heißen Sonne!

„Herr Bibliothekar, wie alt sind Sie? Sind Sie verheiratet? Haben Sie Familie? Wie lang arbeiten Sie schon in dieser Bücherei?"

„Ich muss Ihnen auch eine Frage stellen", entgegnet Koloman Buchinger grantig. „Warum gehen Sie nicht zum Bürgermeister? Warum bringen Sie den nicht groß raus?"

„Bei dem war ich schon."

„Für welche Zeitung schreiben Sie überhaupt?"

„Für das *Schlüsselloch*, das ultimative Zeitgeist-Magazin, das führende illustrierte Wochenblatt dieses Landes. Sie haben sicher schon gehört, wir steigern Woche für Woche unsere Auflage!"

„Danke, das genügt!", ruft Koloman Buchinger und schiebt die überraschte Journalistin zur Tür der Bibliothek hinaus. Du kannst gar nicht glauben, was du da eben gesehen hast. Koloman Buchinger verweigert sich? Er, der die Frauen doch verehrt ...

„Dem *Schlüsselloch* sag' ich kein Wort!", ruft er ihr nach. Und zu dir gewandt erklärt er etwas ruhiger: „Das fehlte noch, dass diese Hyänen in meinem Privatleben rumschnüffeln! Verdrehen sowieso alle Tatsachen. Die schreiben doch, was sie wollen! Sensationsgeile Bande!“ Du hast Buchinger noch nie so zornig gesehen.

„Ich weiß nicht“, wendest du ein. „Hoffentlich war das kein Fehler! Die hat nicht so ausgesehen, als ob sie sich abwimmeln lassen würde. Ich fürchte, die Lady mit dem Tattoo kommt wieder. Sie könnte uns lästig werden.“

Du ahnst noch nicht, wie schnell du Recht behalten sollst. Die Lage spitzt sich langsam, aber dramatisch zu! Weiter bei **81**.

92

Ja, ein Rätsel wäre gelöst, dank Pater Albero aus dem Stift Melk. Du rufst dir noch einmal in Erinnerung: Erstens: Der Hinweis in dem merkwürdigen Text stammt von einem gewissen Geraldus Cambrensis. Zweitens: Der Text hat nichts mit Medizin zu tun, nichts mit Sex und nichts mit Spagetti. Denn er bezieht sich – drittens – auf das geheimnisvolle *Book of Kells*. Wie der merkwürdige Zettel aber auf das Regal im Hinterzimmer der Bücherei kam, genau dorthin, wo vor kurzem noch die verschwundenen Bücher standen, ist ungeklärt. Nach wie vor. Weiter bei **93**.

93

Das *Book of Kells* geistert noch immer in deinem Kopf herum. Koloman Buchinger hat es auf der Heimfahrt von Melk in den glühendsten Farben beschrieben. Richtig neugierig hat er dich gemacht. Wegen des *Book of Kells* bist du heute eigentlich hierher gekommen – und nicht, um den Bibliothekar in seinem Liebeskummer zu trösten. Du weißt, in der Bibliothek gibt es auch Lexika. Buchinger scheint Gedanken lesen zu können. Bevor du noch ein Wort gesagt hast, holt er dir einen Band vom Regal. Willst du das Wort *Kells* nachschlagen? Ja? Weiter bei **94**. Nein? Weiter bei **91**.

94

Oje, da hat dir Buchinger ein englisches Lexikon untergejubelt. Oder gar ein amerikanisches? Mit Absicht? Will er deine Englischkenntnisse testen? Leider kannst du hier keine Online-Lexika durchforsten, sowas gibt es in Koloman Buchingers Bibliothek noch nicht. Also heißt es blättern – in *The Illustrated COLUMBIA ENCYCLOPEDIA*, Volume 11, Ion – Kra. Da ist es schon, das Wort, das du suchst ...

Kells, urban district (pop. 2,193), Co. Meath, E, Republic of Ireland, on the Blackwater. Noteworthy are the relic of an ancient monastery founded by St. Columba, the round tower and several ancient crosses.

Du plagst dich redlich mit den englischen Wörtern ab und es gelingt dir tatsächlich, ihnen einen Sinn zu entnehmen. In Kells gibt es also einen runden Turm, alte Steinkreuze und die Überreste eines alten Klosters, das der heilige Columba gründete. Wahrscheinlich hat man dort ... Als der

Bibliothekar merkt, dass dir die fremde Sprache doch einige Mühe macht, schleppt er Band 10 eines 24-bändigen deutschsprachigen Lexikons heran. Aber jetzt hat dich der Ehrgeiz gepackt, umso mehr, als du in derselben Spalte einen Hinweis auf das sagenhafte *Book of Kells* findest ...

The Book of Kells, now one of the treasures of the Trinity College library in Dublin, is a beautifully illuminated manuscript of the Latin Gospels, with notes on local history, found in the ancient monastery and believed to have been written in the 8th cent. At the opening of each Gospel and of each chapter is an illustration, and the borders and capitals are superbly decorated. The manuscript is generally regarded as the finest example of Celtic illumination.

Andererseits kann es nicht schaden, zu erfahren, was das deutschsprachige Lexikon zu berichten weiß – Band 10, KAT – KZ, liegt bereit:

Kells, Marktflecken in der irischen Gfsch. Meath mit (1961) 2 200 Ew. Das um 550 gegründete Kloster des hl. Columba (aufgelöst 1551) war eines der Hauptzentren der keltischen Kirche, wo im 8. Jh. das „Book of Kells“ entstand. Es gilt als das schönste Buch der Welt (> irische Kunst). Erhalten sind St. Columba's House (etwa 807), ein Rundturm, Steinkreuze.

Stolz berichtest du dem Bibliothekar vom Ergebnis deiner Nachforschungen im Lexikon. Weiter bei **91**.

95

Bevor du lange Zeit zum Überlegen hast, stehen plötzlich zwei Typen in der Bibliothek. Ungeniert beginnen sie in den Büchern zu wühlen. Die Frau im Minirock und in der Lederjacke mit der Sonnenbrille im Haar hast du bereits kurz kennen gelernt! Der Mann mit dem kahl rasierten Schädel ist bestimmt ihr Partner. Er hält eine Kamera mit Riesenobjektiv im Anschlag, als wäre es eine Maschinenpistole. Das können nur die beiden „coolen Typen" sein, von denen Bürgermeister Kleewein einmal am Telefon gesprochen hat, die Reporter vom Magazin *Schlüsselloch*! Jetzt durchkämmen sie die Bibliothek und stellen alles auf den Kopf, weil sie anscheinend hier die große Sensation wittern! Du ahnst es bereits: Die beiden wollen irgendwas finden, das sich zu Schlagzeilen machen lässt und damit zu Geld. Mit Schrecken denkst du an das Buch mit den beiden Gucklöchern. Wenn das den *Schlüsselloch*-Reportern in die Hände fällt, kannst du dir die Überschrift schon ausmalen! Du überlegst fieberhaft. Welche Möglichkeiten hast du? Du könntest dich heimlich, still und leise aus der Bibliothek stehlen. Es würde dir wahrscheinlich sogar gelingen. Aber du willst Koloman Buchingers Reich nicht unbewacht zurücklassen, das bist du ihm einfach schuldig. Noch vor wenigen Minuten, in diesem schlimmen Traum, hast du ihm selbst alles Böse unterstellt, aber jetzt, beim Anblick der beiden Eindringlinge, schlägst du dich wieder auf die Seite des Bibliothekars. Denn diese beiden Gestalten führen bestimmt nichts Gutes im Schilde. Weiter bei **96**.

96

Es bleibt dir nur eins: Du musst dich unsichtbar machen, verstecken, verbarrikadieren! Sonst kommst du in Teufels Küche. Aber wie? Vielleicht hinter einem Bücherberg? Ja, ein hoher Stapel Bücher in einer Bibliothek sieht unverdächtig aus, Bücher, die zurückgegeben und noch nicht eingeordnet wurden – man kann sich gut dahinter verstecken. Du bist begeistert von deiner Idee! Und schon holst du einen Band nach dem anderen vom Regal – so leise wie möglich – und stapelst die Bücher vor dir auf – Buch auf Buch, ein Schutzwall aus Büchern. Möge Koloman dir verzeihen! Du schwörst bei allen Schutzheiligen des Büchereiwesens: Irgendwann wirst du die alte Ordnung wieder herstellen. Es ist schwerste Schwerarbeit, in Minutenschnelle eine stabile Wand aus Büchern aufzubauen – und das möglichst geräuschlos! Schweißtropfen stehen dir schon wieder auf der Stirn. Nicht ein einziges Buch darf dir jetzt aus der Hand fallen, sonst verrätst du dich! Zum Glück bist du hier in der Abteilung für Erwachsene, wo es doch mehr große, schwere Bände gibt als bei den Kinderbüchern.
Weiter bei **97**.

97

Ein paar dickleibige Heimwerker- und Kochbücher bilden den Sockel. Darauf kommt eine Schicht Karl May. Du stapelst *Tom Sawyer und Huckleberry Finn* auf *Die schönsten Sagen des klassischen Altertums*, legst *Die Brüder Karamazov* darauf und auf *Die Brüder Karamazov Die Frauen des Hauses Wu*. Langsam und leise wächst die Mauer aus Büchern um dich herum. *Der Idiot* kommt zwischen dem *Steppenwolf* und dem *Jagerloisl* zu liegen. *Madame Butterfly* stellt die Verbindung zwischen *Vater Goriot* und *Krambambuli* her. *Die Kinder von Torremolinos* und *Die Posträuber* kommen zu *Mathilda*, und *Gäste zur Nacht* legst du auf *Die Rättin*. *Die Blechtrommel* darfst du auch nicht vergessen. Sie kommt oben drauf. *Das einsame Herz* liegt auf *Schnee auf dem Kilimandscharo*, gleich neben der *Geierwally*. Beinahe macht dir das Ganze Spaß – wie einem Kind, das Bausteine kunstvoll übereinander türmt. Wenn, ja, wenn die Lage nicht so ernst wäre! Wenn nicht zwei gnadenlose Reporter diese Bibliothek von hinten nach vorn und von vorn nach hinten durchstöbern, nein, durchschnüffeln würden. Was sie wohl suchen? Noch haben sie nichts von dir bemerkt.

Immer höher türmt sich inzwischen die Mauer aus bedrucktem Papier. Am liebsten würdest du sie noch mit Zinnen aus Büchern schmücken. Weiter bei **98**.

98

Doch es kommt, wie es kommen muss. Eins hast du nämlich nicht bedacht: Bücher auf Regalen stützen einander, und wenn diese Stützen fehlen, haben sie keinen Halt. Irgendein Band auf irgendeinem Regal kippt plötzlich um, reißt einen zweiten mit. Der klappt auf einen dritten. Der Domino-Effekt! Die beiden Reporter werden durch den Lärm der fallenden Bücher aufmerksam! Du wirbelst herum, willst noch eingreifen, den Büchersturz bremsen. Doch dabei stößt du mit der Fußspitze gegen einen Band in der Büchermauer, gegen ein wichtiges Buch, einen Eckstein in diesem Wall. Weiter bei **99**.

99

Der ganze Stapel neigt sich langsam und fällt um. Kein Buch bleibt auf dem anderen! Dein Schutzwall war nicht stabil genug gebaut. Wie in einer Momentaufnahme siehst du gerade noch, wie *Der kleine Prinz* auf *Die Hexen von Eastwick* stürzt, wie die *Frauen vor Flusslandschaft* auf den *Mann ohne Eigenschaften* fallen, wie die *Küchengeheimnisse der Hildegard-Medizin* aufgeblättert da liegen, dann wendest du dich zur Flucht.

Was wird passieren? Würfeln! Oder nennst du es lieber Bibliomanthie?

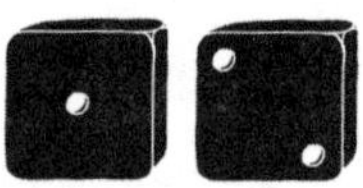 Dank deiner fantastischen Reaktion gelingt es dir, der stürzenden Büchermauer auszuweichen. Bei diesem Manöver stößt du aber mit der Schulter gegen ein Regal. Ein riesiges Fünf-Kilo-Buch saust aus zweieinhalb Metern Höhe herab. Weiter bei **101**.

 Die beiden vom *Schlüsselloch* sind sofort zur Stelle. Während dir der Mann den Weg zum Ausgang abschneidet, versperrt dir die Frau den Weg ins Hinter-

zimmer. Du denkst, dass du es eher mit ihr aufnehmen kannst als mit ihm. Weiter bei 100.

 Pech gehabt! Du kommst zu Sturz, willst dich an einem frei stehenden Regal festhalten, reißt es um und wirst unter einem riesigen Bücherberg begraben. Weiter bei 102.

100

Es kommt zu einem heftigen Handgemenge. Noch einmal würfeln!

 Da die junge Frau eine Nahkampfausbildung hat, liegst du wenige Sekunden später besiegt auf dem Boden. Weiter bei 102.

 Da du keine Nahkampfausbildung hast, liegst du wenige Sekunden später besiegt auf dem Boden. Weiter bei 102.

101

Schaffst du es, dem fallenden Buch auszuweichen? Noch einmal würfeln!

 Deine Glückssträhne ist genau in diesem Moment leider zu Ende! Du wirst von dem gewichtigen Band am Kopf getroffen und sinkst wie betäubt zu Boden. Erschwerend fallen noch ein paar Nachschlagewerke auf dich. Weiter bei **102**.

 Glück gehabt! Um Haaresbreite entgehst du dem Fünf-Kilo-Buch! Da du dich nicht irgendwelchen unangenehmen Fragen aussetzen willst, ergreifst du schleunigst die Flucht. Weiter bei **105**.

102

Noch ehe du dich versiehst, haben sich beide Reporter auf dich geworfen. Außerdem lasten ein paar Lexika schwer wie Sandsäcke auf dir. Du schaffst es auch mit größter Kraftanstrengung nicht, dich zu befreien. In dieser Lage kannst du dich nur damit trösten, dass es noch schlimmer hätte kommen können! Stell dir vor, ein Regal wäre umgestürzt und hätte dich k.o. geschlagen! Weiter bei **103**.

103

Die beiden vom *Schlüsselloch* haben rasch herausbekommen, dass du vernehmungsfähig bist. Und während sie dich an Armen und Beinen festhalten, wollen sie wissen, was du hier machst, ganz genau wollen sie es wissen. Dieselbe Frage würdest auch du gern an sie richten. Sie werden dich doch nicht für einen Einbrecher halten, der Bücher klaut?

„Ohne meinen Bibliotheksleiter sag ich überhaupt nichts!“, knirschst du und reibst dir das schmerzende Knie. An Flucht ist im Augenblick nicht zu denken.

„Genau den möchten wir auch sprechen“, erwidert die Frau. Sogar jetzt, mitten in der Nacht, hat sie ihre Sonnenbrille im Haar stecken. „Und du wirst uns verraten, wo er ist. Bei ihm zu Hause haben wir nämlich schon nachgesehen!“

Da hast du eine geniale Idee, ein wahrer Geistesblitz durchzuckt dein Gehirn! „Im Vorraum, die erste Tür“, murmelst du mit zusammengebissenen Zähnen. Du tust so, als würdest du dein rechtes Bein strecken und schiebst dabei unauffällig ein Buch mit dem Titel *So werde ich zum Star* näher an die junge Frau heran.

Leider machen die Reporter nicht den Fehler, zu zweit nachzuschauen. Während dich die Frau festhält, geht der Glatzkopf mit der Kamera hinaus in den Vorraum zu der Tür mit der Aufschrift *Bibliotheksleiter*. Weiter bei **104**.

104

„Reingefallen!“, denkst du, als du den Wutschrei des Zeitungsfotografen hörst. Er muss entdeckt haben, dass sich in der Abstellkammer nicht Koloman Buchinger, sondern nur eine alte Klappleiter befindet. (Was, das hast du selbst nicht gewusst? Dann solltest du rasch zu Nummer **2** zurückkehren und danach bei Abschnitt **28** weiterlesen!

Anschließend kehrst du zu 104 zurück.) Im selben Augenblick gelingt es dir, dich mit einem wilden Ruck loszureißen. Die Journalistin war wohl nicht aufmerksam genug. Bestimmt hat sie sich durch den Buchtitel *So werde ich zum Star* ablenken lassen.

Du keuchst davon, in die einzig mögliche Richtung. Weiter bei 105.

105

Umzudrehen brauchst du dich nicht, es wäre glatt Zeitverschwendung. Du weißt es auch so, die beiden Reporter vom *Schlüsselloch* haben deine Verfolgung aufgenommen. Und während du vom Hauptraum in das Hinterzimmer sprintest, erhellt ein greller Blitz die Bibliothek. Der *Schlüsselloch*-Fotograf hat ein Bild von dir geschossen!

Immerhin gewinnst du einen kleinen Vorsprung, weil sich deine Verfolger erst über den Bücherberg hinwegarbeiten müssen. Und obwohl du kaum eine Sekunde Zeit hast zu überlegen, siehst du deinen Fluchtweg glasklar vor dir. Es ist derselbe, den die junge Ratte nehmen musste, nachdem Buchinger entdeckt hatte, dass sie ein Kinderbuch angeknabbert hatte. (Hoffentlich kennst du die Geschichte! Wenn nicht, musst du unbedingt Abschnitt 8 lesen, auch wenn du im Moment in Zeitnot bist.) Du hastest in das Hinterzimmer, rennst die Schaufensterpuppen, die dir im Weg stehen, einfach um, stürzt atemlos in das Hinterhinterzimmer, hechtest über die Kaffeemaschine, landest mit einer Flugrolle auf dem alten Campingbett, das grässlich stöhnt unter deinem Aufprall, reißt das halb offene Fenster ganz auf und springst mit einem Satz hinaus in den Hinterhof. Weiter bei **106**.

106

Draußen schleichst du geräuschlos an der Längsseite der alten Bibliothek nach vor und gehst hinter dem gelben Container in Deckung. Deine Knie zittern wie Wackelpudding und nur mit Gewalt kannst du ein Zähneklappern unterdrücken. Dein Atem geht pfeifend und das Herz schlägt dir bis zum Hals. Die Gefahr ist noch nicht vorbei, doch du willst hier vor der Bücherei ausharren. Koloman Buchinger muss gewarnt werden, damit er den Reportern nicht in die Arme läuft! Er hat ja versprochen, um Mitternacht da zu sein.

So verharrst du regungslos in der Dunkelheit. Den Eingang der Bibliothek lässt du keinen Moment aus den Augen. Eine Weile musst du noch warten, ehe du hörst, wie die beiden *Schlüsselloch*-Journalisten die Bibliothek verlassen. Du duckst dich tief hinter den Container, doch der Glatzkopf mit der Kamera und die Lady mit der Sonnenbrille kümmern sich nicht weiter um dich. Jetzt erst scheint die Gefahr vorüber.

Keine fünf Minuten später hallen bekannte Schritte über das Pflaster. Leise vor sich hinpfeifend kommt der Bibliothekar über den Arkadenhof geschlendert, die Hände in den Taschen seines altmodischen grauen Anzugs versenkt. Du springst aus deinem Versteck und rennst ihm entgegen.

„Die Journalisten vom *Schlüsselloch*", sprudelst du hervor. „Sie waren da! Es war wie ein Überfall! Sie ..."

„Ich weiß", nickt er und schneidet dir mit einer Handbewegung das Wort ab. „Ich hab' damit gerechnet. Es war abzusehen, dass sie kommen würden. Und glaub' mir, es war besser, dass ich einen Spaziergang machte und ihnen aus dem Weg ging. Ich bin dir zu großem Dank verpflichtet, dass du die Stellung gehalten hast!" Weiter bei **110**.

107

Als du nachts in deinem weichen Bett liegst, kommt dir der Gedanke an Dublin sehr verlockend vor. In Irland gibt es viele junge Leute, vielleicht mehr als anderswo in Europa. In Irland gibt es jede Menge gute Musik und gute Musiker. In Irland gibt es Pubs und Guinness-Bier. In Irland gibt es nicht zuletzt das *Book of Kells.* Du hast außerdem Pfingstferien. Und du sagst dir, eine Gelegenheit wie diese muss man nützen. Die kommt nicht so schnell wieder. Ja, du bist dabei! Weiter bei **123**.

108

Falls du die Sehenswürdigkeiten Dublins wie das *Book of Kells* schon kennst (oder gar nicht kennen lernen willst), kannst du dich mit den anderen Hauptpersonen kurz vor dem Heimflug bei Abschnitt **129** wieder treffen. Es könnte aber sein, dass dir einiges entgeht!

109

Naja, da kann man wohl nichts machen. Du musst dich einfach damit abfinden, dass manches Rätsel dieser Geschichte für dich ungelöst bleiben wird. Schade!
Weiter bei **115**.

110

Als am übernächsten Morgen die neue Wochenausgabe des Magazins *Schlüsselloch* erscheint, ist es Gewissheit geworden: Du bist in der Zeitung! Teilweise. Neben einer stürzenden Schaufensterpuppe ist auf einem Farbfoto dein linker Fuß und ein Stück deines Rückens zu erkennen. Die Schlagzeile zu der Story wird dir noch einige Zeit in Erinnerung bleiben: *Ein Bibliothekar lässt die Puppen tanzen. Ist Koloman B. ein Fetischist?* Zum Beweis ist der Lieferschein der Firma Manzenreiter-Moden abgebildet, ein Lieferschein über fünf Kleiderpuppen, adressiert an die Städtische Bücherei zuhanden Herrn Koloman Buchinger. Die *Schlüsselloch*-Leute müssen den Zettel bei ihrem Streifzug erbeutet haben. Weiter bei **111**.

111

In der Bibliothek bist du mittlerweile Stammgast. Koloman Buchinger ist sichtlich froh, dass du ihn bei seiner Arbeit regelmäßig unterstützt. Und weil du die Zusammenhänge

kennst, wundert es dich nicht, dass selbst der Bürgermeister immer öfter auftaucht, obwohl er nie ein Buch ausleiht.

„Buchinger“, sagt der Bürgermeister diesmal beschwörend und legt dem Bibliothekar die Hand auf den Arm. In seiner Jackentasche siehst du die neue *Schlüsselloch*-Nummer stecken. „Können wir ungestört sprechen?“ Dabei sieht er sich um, ob nicht irgendwo Journalisten mit versteckter Kamera lauern. Der Medienrummel ist ihm anscheinend zu viel geworden in letzter Zeit. „Buchinger, wir müssen nach Irland. Nach Dublin. Wir müssen dieser Spur nachgehen.“

Was, auch Kleewein will jetzt plötzlich nach Irland? Das sind ja Neuigkeiten!

Buchinger schaut dem Stadtoberhaupt prüfend ins Gesicht. Wahrscheinlich ist ihm dasselbe aufgefallen wie dir. Kleewein wirkt leicht verzweifelt – zum ersten Mal. Und da begreifst du langsam: Der Bürgermeister hat sich schon zu weit aus dem Fenster gelehnt. Jeden Tag berichten die Zeitungen über die verschwundenen Bücher. Über die großen Projekte des Bürgermeisters. Über die geplante Länger-leben-GmbH. Immer wieder ist Kleewein abgebildet. Jetzt steht der Bürgermeister unter Zugzwang. Er hat hoch gepokert und viel versprochen, aber bis jetzt nichts gehalten. Kleewein ergreift den letzten Strohhalm und hofft, dass es der rettende ist. Kleeweins Strohhalm heißt Dublin. Weiter bei **112**.

„Buchinger, Sie müssen mit“, flüstert der Bürgermeister.

„Das geht nicht“, sagt der Bibliothekar entschlossen und seine Gestalt strafft sich. „Ich kann jetzt keinen Urlaub nehmen. Ich kann die Bibliothek nicht einfach zusperren, jetzt, wo wir so viel Zulauf haben. Aber ich beglückwünsche Sie zu Ihrem Entschluss! Dublin ist wundervoll. Man muss es einmal gesehen haben. Und vor allem: Dort wird das schönste Buch der Welt aufbewahrt, wie Sie ja jetzt wissen. Lassen Sie sich das *Book of Kells* nicht entgehen, Herr Bürgermeister!“

„Buchinger, Sie *müssen* mit!“, knurrt der Bürgermeister noch eindringlicher als vorher.

Der Bibliothekar zieht erstaunt eine graue Augenbraue hoch. „Aber warum denn?“

„Ich will Ihnen ein Geheimnis anvertrauen“, brummt Bürgermeister Kleewein und er wirkt längst nicht mehr so selbstsicher wie gewohnt. „Von Mann zu Mann sozusagen: ‚Im Vertrauen gesprochen, es ist vor allem meine Sekretärin, die unbedingt nach Dublin will‘“, flüstert der Bürgermeister.

„Ihre Sekretärin?“

„Ja, meine Sekretärin. Ihr Mann lebt in Irland, ihr Ex-Mann, besser gesagt. Er ist dort Fotograf oder Schafzüchter oder Taxifahrer oder Bierbrauer. Was weiß ich! Sie will mit ihm etwas vor Ort klären. Sie will sich mit ihm aussprechen. Verstehen Sie? Wenn *Sie* dabei sind, Buchinger, hat unsere Irlandreise einen amtlichen Anstrich, kapiert? Sie gelten als gerader Michl, eben anständig auf altmodische Weise.“

„Verschroben“, sagt Buchinger und schmunzelt. „Koloman Buchinger gilt als anständig, aber verschroben. Verschroben, aber anständig.“

„Was?“

„Ach, nichts. Nur ein Wort, das ich mag, ein schönes altes Wort.“

„Dann sagen die Leute: ‚Toll, unser Herr Bürgermeister, der lässt wirklich nichts unversucht, um das Buch zurückzuholen. Und seinen Bibliothekar nimmt er auch mit.‘ Aber wenn ich allein mit meiner Sekretärin ... Sie wissen, die Leute reden viel. Ach, ich sage Ihnen, der Karren ist ziemlich verfahren. Ich hoffe nur, dass wir diesen verdammten Bonifaz wirklich in Dublin finden. Oder was Ähnliches. Gnade uns Gott, wenn wir mit leeren Händen zurückkommen!“ Weiter bei **113**.

113

Langsam lässt du dir noch einmal die Worte des Bürgermeisters durch den Kopf gehen. Die Sache ist verworren. Die Sekretärin hat also einen Ex-Mann, der in Irland lebt. Der Fotograf, Taxifahrer, Schafzüchter oder Bierbrauer ist. Halt, Bierbrauer! Das ist es! Die Flasche fällt dir ein! Die Bierflasche mit dem irischen Etikett auf der Vitrine in der Stiftsbibliothek! Der Ex-Mann der Sekretärin könnte in Melk gewesen sein! Hat *er* das Buch entführt? Hat ihm seine Ex-Frau den heißen Tipp gegeben? Der Kreis der Verdächtigen wird immer größer ... Weiter bei **120**.

„Es gab aber noch was, das auf Irland hindeutete."

„Ja?", fragt Buchinger neugierig. „Da bin ich aber gespannt."

„Genau an diesem Tag, an dem wir mit dem Bürgermeister im Stift Melk waren, stand in der Bibliothek eine Bierflasche auf einer Vitrine, eine kleine Bierflasche aus Irland."

„Gut beobachtet", sagt Buchinger. „Stimmt. Ja, ich habe dem Pater Albero einen Karton mit Guinness gebracht. Als Dankeschön für seine Führung. Hätte ja sein können, dass er den Bürgermeister bekehrt und einen Leser aus ihm macht. Irisches *Guinness* ist Alberos Lieblingssorte. Aus Wein macht er sich nichts. Und weil der Tag, an dem wir das Stift besichtigten, ein heißer war, konnte er sich nicht bezähmen und öffnete gleich in der Bibliothek heimlich eine Flasche. Doch ich denke, er hat die Leerflaschen inzwischen entsorgt und nicht in der Bibliothek stehen lassen."

„Und ich dachte schon, der Ex-Mann der Sekretärin hätte die Flasche in der Bibliothek abgestellt."

„Der? Dem wäre das kaum gelungen."

„Warum nicht?"

„Er sitzt zurzeit in Dublin eine Strafe ab und atmet gesiebte Luft."

Du blickst Buchinger überrascht an. „Was hat er denn verbrochen?"

„Naja, er hat Schiffbruch erlitten mit seinen großen Plänen. Zuerst als Schafzüchter, dann als Bierbrauer. Er hat Schulden gemacht, hat sich viel Geld geliehen, das er nicht mehr zurückzahlen konnte ..."

Der Ex-Mann der Sekretärin in Irland im Gefängnis? Das gibt dem Fall eine neue Wendung! Dann könnte die Sekretärin die Bücher geklaut und verkauft haben, um mit dem Geld ihrem Ex-Mann aus der Patsche zu helfen ... Und Bürgermeister Kleewein hielt seine schützende Hand über sie ... Ja, so könnte es gewesen sein! Diese Möglichkeit musst du unbedingt genau durchdenken ... „Aber wie sind Sie an das irische Bier gekommen, Herr Buchinger?"

„Ach, das gibt es doch schon in jedem dritten Supermarkt bei uns. Die Iren exportieren ihr dunkles Bier in mehr als hundert Länder ..." Weiter bei **115**.

115

„Was wird jetzt eigentlich aus den verschwundenen Büchern?", fragst du den Bibliothekar. Es ist dein erster Besuch in der Bibliothek nach der Irlandreise. Frau Kleewein hat inzwischen Ordnung gehalten, obwohl ein wahrer Ansturm auf die Bücherei zu verzeichnen war. „Suchen wir weiter? Geben wir auf?"

„Ach ja, die Bücher", sagt Buchinger in beiläufigem Ton, als ginge es um nichts anderes als die Zusammensetzung seines Frühstücksmüslis. „Tja, du wirst staunen: Die Bücher sind wieder da. Während wir in Irland waren, sind sie aufgetaucht. Eins nach dem anderen."

„Wie, bitte?" Du glaubst nicht richtig gehört zu haben. Es trifft dich wie ein Keulenschlag. „Sagen Sie das noch einmal, Herr Buchinger."

„Die Bücher sind wieder da!", sagt Buchinger fröhlich

und eine Spur verlegen. Du kannst, nein, du willst es nicht glauben, bevor du sie nicht mit eigenen Augen siehst! Du stürmst in den Abstellraum, holst die Bibliotheksleiter, rennst damit in das Hinterzimmer. Tatsächlich, da stehen die Bücher in Reih und Glied: *Heilige Schrift des Alten und Neuen Testamentes, Erster Theil, Zweiter Theil, Dritter Theil,* von Joseph Franz Alioli, Nürnberg 1834. Und – die Lebensgeschichte des Bonifaz!

Buchinger ist leise hinter dich getreten. „Ja", nickt er. „Auch die *Vita Bonifatii*!"

„Hat der Dieb sie zurückgegeben? Ist ihm die Beute zu heiß geworden? Was ist mit dem Rezept? Wer bekommt die Prämie? Wie geht es jetzt weiter?"

Buchinger schüttelt den Kopf. „Ein bisschen viele Fragen auf einmal, findest du nicht auch? Also: Es gab keinen Diebstahl, daher gab es keinen Dieb und auch keine Beute."

„Die Bücher wurden gar nicht gestohlen?"

Buchinger schüttelt den Kopf. „Nein, sieht nicht danach aus. Ich habe es auch nie behauptet, habe immer nur von ‚verschwundenen' Büchern gesprochen. Trotzdem: Meine Fantasie ist wohl mit mir durchgegangen. Wer sollte denn heutzutage Bücher stehlen aus einer Bibliothek? Heute werden andere Dinge gedreht: Raubkopien von Musik-CDs und Videospielen. Softwarepiraterie. Kreditkartenbetrüger machen ihre schmutzigen Geschäfte, Computerhacker dringen in geheime Netzwerke und Datenbanken ein. Für die wenigen Leute, die regelmäßig in die Bibliothek kamen, hätte ich mich verbürgt. Ich konnte sie fast an den Fingern einer Hand abzählen. Inzwischen hat sich das freilich geändert. Wer auf sich hält in unserer Stadt, ist mittlerweile

Mitglied in der Bücherei. Ich hab' mich übrigens auch in einem zweiten Punkt getäuscht: Die Bücher waren gar nicht so wertvoll, wie ich zunächst dachte."

„Nein?"

„Auch die Lebensgeschichte des Bonifatius nicht. Sie ist so gut wie identisch mit der bekannten *Sancti Bonifatii Vitae* von Levison aus dem Jahr 1905. Weiter bei **116**.

116

„Aber das Rezept! Was ist mit dem Rezept? Das Buch enthält doch ein Länger-leben-Rezept!"

„Dachte ich auch lange Zeit", nickt Buchinger. „Doch inzwischen bin ich nicht mehr sicher. Jemand, der besser Latein kann als ich, hat das Buch in der Zwischenzeit zu Ende gelesen. Und kein Rezept gefunden. Allerdings fehlen ein paar Seiten ..."

„Was ist dann das Geheimnis des Bonifaz?", fragst du atemlos. „Wieso wurde er so alt, bevor ihn die Friesen erschlagen haben?"

„Ich weiß es nicht", sagt Buchinger mit leichter Ungeduld in der Stimme. „Ich kenne nur das erste Drittel des Buches. Und ich glaube inzwischen, das Geheimnis des Bonifaz war, dass er gar kein Geheimnis hatte. Ja, das kann man so sehen."

Du fällst ein zweites Mal aus allen Wolken. Die Hoffnung auf die Prämie kannst du endgültig begraben. Du bist schrecklich enttäuscht. Der Boden unter deinen Füßen fängt sich zu drehen an. „Aber es muss doch ein Geheimnis geben“, bringst du mühsam hervor. „Es stand doch schon in jeder Zeitung!“

Buchinger lacht. „Alles maßlos aufgebauscht. Naja, ein bisschen habe ich mitgeholfen. Aber du kennst ja diese Reporter, machen aus jeder Mücke einen Elefanten. Das ist ihr Geschäft.“

Nein, nein, nein! Du kannst es einfach nicht glauben. „Die Medien! Die vielen Journalisten, die täglich berichtet haben. Dieser ganze Rummel! Alles umsonst?“

„Viel Lärm um nichts, meinst du? Umsonst ja, aber nicht vergebens. Ganz im Gegenteil! Unsere Bibliothek ist mit einem Schlag bekannt geworden wie ein bunter Hund – in der ganzen Stadt“, sagt Buchinger stolz, „und im ganzen Land. Vergiss nicht: Wir haben heute viermal so viele Besucher wie die Videothek am Hauptplatz. Und ich nehme an, wir haben sogar dich als neuen Leser gewonnen. Noch Fragen?“

Du nickst. „Viele Fragen.“

„Dann komm heute Abend wieder hierher. Du bist herzlich eingeladen zum großen Show-down. Heute Abend wird hier ein Buch präsentiert. Und wenn mich nicht alles täuscht, wird eine Abrechnung stattfinden. Eine Abrechnung mit ungewissem Ausgang.“ Weiter bei **117**.

117

Es ist Abend geworden. Die ehemaligen Schaufensterpuppen von Manzenreiter-Moden stehen zwischen den Gästen und halten Tabletts mit Gläsern bereit. Es gibt Sekt und Orangensaft und es gibt gute Laune und Gelächter. Leider hast du die Buchvorstellung versäumt. Ja, du hattest was anderes zu tun: Das Referat musste auf den letzten Stand gebracht werden, dein Deutschreferat, das du noch immer nicht gehalten hast. Du kannst dir hier und heute gleich einen Termin ausmachen, Frau Russmann ist unter den Gästen in der Bibliothek. Weiter bei **118**.

118

Inzwischen hast du einen Typ entdeckt, der aussieht, als würde er was von Büchern verstehen. Er trägt eine runde Nickelbrille, hat lange, blonde Haare, die weit über die Schulter fallen, einen langen blonden Bart. Seine nackten Füße stecken in flachen Ledersandalen. Würde er in einem Fass wohnen, könnte man ihn für einen Philosophen halten. Es ist der fliegende Buchhändler vom Flohmarkt, der deine Deutschlehrerin eben in ein Gespräch verwickelt. Frau Kleewein unterhält sich angeregt mit Pater Albero, der Bier aus einer kleinen, braunen Flasche trinkt. Irisches Bier! Die Personen neben der Bürgermeisterin kennst du auch: die Buchhändlerin aus dem Antiquariat und die Blondine vom Ausbildungskurs in der Nachbarstadt.

Plötzlich steht Bürgermeister Kleewein mitten unter den Gästen. Die Stimmung ist schon so ausgelassen, dass man nicht einmal das Knarren des alten Tores hören konnte. Doch jetzt wird es schlagartig still. Weiter bei **131**.

119

Du gehst durch den Arkadenhof und kommst an einem gelben Container vorbei. Den Text auf dem Messingschild neben der alten Haustür kannst du inzwischen auswendig: *Städtische Bücherei, Öffnungszeiten Mittwoch, Freitag und Samstag von 16 bis 18 Uhr oder gegen Voranmeldung.* Was du hier tust? Du bist ein neuer Mitarbeiter der Bücherei, ehrenamtlicher Mitarbeiter!

Unter dem blank polierten Schild entdeckst du eine Art Steckbrief, einen Steckbrief samt Foto, ein Bild von Koloman Buchinger. Das war gestern noch nicht da! Neben dem Foto ist folgender Text zu lesen:

Gesucht: Bibliothekar, schlank, grauhaarig, im besten Mannesalter. Vorsicht: Der Gesuchte ist im Besitz von geheimem Wissen aus unzähligen Büchern, von dem er bedenkenlos Gebrauch macht. Hinweise, die zur Auffindung des Gesuchten führen, werden mit Büchern belohnt.

Gut gemacht, Frau Bürgermeister, denkst du. Bravo! Buchingers Idee von der Erlebnisbibliothek ist auf fruchtbaren Boden gefallen. Doch war es überhaupt Hanna Kleewein, die diesen Steckbrief verfasst hat?

ENDE

120

Du ahnst es, du spürst es, du fühlst es: Die Ereignisse beginnen sich zu überstürzen! Die Geschichte drängt unaufhaltsam ihrem Höhepunkt entgegen. Als dich zwei Tage später dein Spaziergang zur Bibliothek führt und du durch das offene Fenster blickst, siehst du Koloman Buchinger ganz verdattert neben seiner Kaffeemaschine sitzen, in der es ausnahmsweise nicht blubbert. Im Hintergrund macht sich Frau Kleewein an den Regalen zu schaffen. Sie ordnet anscheinend neue Bücher ein.

Es muss etwas ganz Außergewöhnliches passiert sein, wenn Buchinger vergessen hat, Kaffee zu kochen! Du rennst um das Haus herum und stürzt durch das Tor in die Bücherei. Was ist geschehen?

Der Bibliothekar hält diesmal kein Buch in der Hand, sondern ein Flugticket, das er entgeistert anschaut, als könnte er nicht begreifen, wie es zwischen seine Finger gelangte. „Ich habe gewonnen“, murmelt er kopfschüttelnd, als du näher kommst.

Gewonnen? Buchinger hat gewonnen? Sieger sehen anders aus, denkst du.

„Einen Wochenendflug für zwei Personen“, erklärt der Bibliothekar. „Nach Dublin. Ich habe bei einem Preisausschreiben gewonnen, ohne dass ich mitgemacht habe. Kannst du mir das erklären?“

Weiter bei **121**.

121

Nein, das kannst du nicht – wie so vieles in dieser rätselhaften Geschichte. Doch die Frau des Bürgermeisters kann es erklären! Hanna Kleewein hat den Teilnahmeschein für das Preisausschreiben einer irischen Brauerei ausgefüllt. Sie hat nicht ihren eigenen Namen eingesetzt, sondern den Namen des Bibliothekars. Und Buchinger hat gewonnen! Obwohl er es noch immer nicht fassen kann.

„Jaja“, nickst du weise. „Es gibt Dinge, die hält kein Mensch für möglich – bis sie passieren.“ Diesen Ausspruch hast du von niemand anderem als vom Herrn Bibliothekar. Weiter bei **122**.

122

Freilich, nun taucht eine neue Frage auf: Wer wird Koloman Buchinger begleiten? Der Bibliothekar hat doch eine Reise für *zwei* Personen gewonnen.

Frau Kleewein schüttelt den Kopf, als hätte sie deine Gedanken erraten. „Nein, nein; ich weiß, dass mein Mann mit seiner Sekretärin nach Dublin fliegt. Da bleibe ich lieber daheim, bevor ich den beiden womöglich über den Weg laufe. Irgendjemand sollte schließlich auch die Bibliothek bewachen!“

Plötzlich merkst du, wie beide, Hanna Kleewein und Koloman Buchinger, dich ansehen. Das muss wohl ein Missverständnis sein. „Ich?“, fragst du. Erstaunt deutest du mit dem Zeigefinger auf deine Brust. „Ausgerechnet ich soll mit nach Irland?“

Frau Kleewein und Koloman Buchinger nicken und sagen wie aus einem Mund: „Genau, du!“

Wie wirst du dich entscheiden?

Du sagst spontan Ja. Weiter bei 123.

Du willst dir das Angebot durch den Kopf gehen lassen und möchtest es noch einmal überschlafen. Weiter bei 107.

Du hast a) Angst vor dem Fliegen, oder b) deine Eltern verbieten dir diese Irlandreise.
Weiter bei 109.

123

Und so kommt es, dass du ein paar Wochen später im Flugzeug nach Dublin neben Koloman Buchinger sitzt und mit Genuss dein Lunchpaket öffnest, welches dir die Flugbegleiterin eben serviert hat. Koloman Buchinger trinkt schwarzen Kaffee, er hat sich zum zweiten Mal Kaffee in seine Tasse nachfüllen lassen, aber er behauptet, dieser Kaffee im Flugzeug könne sich niemals mit seinem Gebräu in der Bibliothek messen. Vier Sitzreihen weiter vorn sitzen Bürgermeister Kleewein und seine Sekretärin. Sie stoßen mit Sektgläsern auf ihre Dienstreise nach Irland an. Doch du hast deine Zweifel, ob dem Bürgermeister wirklich zum Feiern zu Mute ist. Willi Kleewein ist längst ein Getriebener ... Weiter bei 124.

124

Dublin ist eine Reise wert! Das kannst du schon nach einer Nacht und einem Frühstück in Irland sagen. Am ersten Tag geht es von der Hauptstadt hinaus in die *Wicklow Mountains*, in die Hausberge Dublins. Eine alte Klostersiedlung, ein Wasserfall, die Moore, die Heidelandschaft und die Bergseen machen die Tour zum Erlebnis. Die Grüne Insel zeigt sich von ihrer grünsten Seite. Du bist restlos begeistert von den Naturschönheiten des Landes, genau wie Kleeweins Sekretärin. Nur die Stirn des Bürgermeisters bleibt sorgenumwölkt. Nach dem Abendessen im *Christchurch Inn* nimmt er den Bibliothekar beiseite: „Haben Sie auch nicht vergessen, warum wir eigentlich hier sind?"

„Keine Sorge", lächelt Buchinger. „Der morgige Tag ist den Büchern gewidmet! Morgen nehmen wir uns Zeit für die Büchereien!"

„Das hoffe ich sehr", antwortet Kleewein.

Weiter bei **125**.

125

Koloman Buchinger ist ein ausgezeichneter Fremdenführer. Er kennt Dublin anscheinend wie seine Westentasche. So geht es – wie angekündigt – am folgenden Tag gleich nach dem Hotelfrühstück mit dem Bus Nummer 50 zur *Marsh's Library*. Du hast dir schon gedacht, dass Koloman Buchinger auf diese Bibliothek nicht verzichten würde. *Marsh's* war die allererste öffentliche Bücherei Irlands, ein

Muss für jeden Bibliothekar. Hier, im Schatten der mächtigen Kathedrale *St. Patrick's*, wurde sie vor rund dreihundert Jahren errichtet.

„Waren in alten Bibliotheken die wertvollen Bücher angekettet, so ging man hier noch drastischer vor", erklärt Buchinger. „Wer in einem der kostbaren Folianten etwas nachschlagen wollte, wurde in einen Käfig gesperrt! Ja, er kam mit dem Buch hinter Schloss und Riegel! Drei dieser Käfige können wir heute noch besichtigen. Sie sollten verhindern, dass sich ein Benützer samt dem wertvollen Band aus dem Staub machte ..."

„Genial", sagt der Bürgermeister zu seiner Sekretärin. „Einfach genial. So werden wir es auch halten, wenn wir die Lebensgeschichte des Bonifaz erst gefunden haben. Zumindest werden wir sie anketten. Und hoch versichern lassen!"

Kleewein scheint noch immer die Hoffnung nicht aufgegeben zu haben, das verschwundene Buch irgendwo hier in Dublin zu entdecken. Immer wieder quält er die Fremdenführer in schlechtem Englisch mit seinen Fragen nach dem Bonifaz-Buch. Immer wieder bekommt er erstauntes Kopfschütteln zur Antwort. Du weißt inzwischen auch nicht mehr, was du denken sollst. Kann es sein, dass Buchinger dem Bürgermeister einfach einen Floh ins Ohr gesetzt hat? Doch der Bibliothekar hat ja nie behauptet, dass die Bücher hier wären ... Das war allein Kleeweins fixe Idee gewesen!

Weiter bei **126**.

126

Von der *Marsh's Library* geht es zu Fuß zum *Trinity College*, von einer Bibliothek zur nächsten. Das weltberühmte *Trinity* ist eine kleine Stadt für sich, nein, eine kleine Welt, abseits des lauten Verkehrsstroms. Mühelos könntest du dich hier verirren: weitläufige Trakte mit Hörsälen und Seminarräumen, Zeremonien- und Theaterhallen, Innenhöfe, Kapellen und Monumente; stumme Zeugen der Gelehrsamkeit seit Jahrhunderten. Doch ihr braucht euch nur dem Strom der Touristen anzuschließen, um zur *Old Library* zu kommen.

Du spürst förmlich, wie die Spannung steigt. Bürgermeister Kleewein wirkt gereizt. Vielleicht wird ihm langsam klar, dass sein Plan zum Scheitern verurteilt ist. Zweimal versucht er bei Museumswärtern Auskunft zu erhalten. Vergeblich. Mürrisch und schweigend trottet er danach mit der Schar der Besucher dahin, die Sekretärin weicht ihm nicht von der Seite, als müsste sie ihm in der Stunde der großen Enttäuschung beistehen. Sonderbar, sie wollte sich doch mit ihrem Ex-Mann treffen, dem Bierbrauer!

Schließlich seid ihr am Ziel, ihr habt die *Old Library* erreicht und durchquert den berühmten Long Room mit seinen unzähligen Werken. Noch nie hast du eine derartige Sammlung von Büchern gesehen, auch nicht in Melk! Weiter bei **127**.

127

Der Raum mit Irlands wertvollstem Schatz ist in geheimnisvolles Dunkel getaucht. Bestimmt muss diese Kostbarkeit von einem Buch vor allzu hellem Licht geschützt werden. Diaprojektoren werfen die Bilder einzelner Seiten riesengroß an die Wände. Und dann siehst du es für ein paar Augenblicke vor dir, das weltberühmte *Book of Kells*, das teuerste Kulturgut der Republik. Ein feierlicher Moment! Es ist der Höhepunkt deiner Reise, die du eigentlich Koloman Buchinger verdankst, nein, eher verdankst du sie Hanna Kleewein! Oder deiner Deutschlehrerin? Damit hat doch alles begonnen, mit dem Referat über die Bibliothek!

Wie auch immer, du bist jetzt zum wahren Heiligtum der Kunst vorgedrungen, wie der alte Geraldus Cambrensis sagen würde. Das angeblich schönste Buch der Welt liegt aufgeschlagen vor dir, nur durch das schützende Panzerglas einer Vitrine von dir getrennt. Von den vier Bänden sind zwei zur Besichtigung freigegeben. Aus einigem Abstand darfst du einen Blick auf die 1200 Jahre alte Mönchshandschrift werfen, bevor dich der Strom der Touristen weiterschiebt. 1200 Jahre kann ein Buch alt werden! Wahnsinn! Was sind dagegen die achtzig Lebensjahre des Bonifaz?

Seit bald dreihundertfünfzig Jahren wird dieses sagenhafte *Book of Kells* an diesem Ort aufbewahrt. Ein ehrfürchtiger Schauer durchrieselt dich bei seinem Anblick und dir wird ganz feierlich zu Mute. Ob Bürgermeister Kleewein ein wenig von dieser geheimnisvollen Aura spürt, von der seine Frau einmal gesprochen hat? Ob er ein bisschen so

Im „Long Room“

etwas wie Ehrfurcht vor diesem wunderbaren Kunstwerk empfindet? Und hat er sich je gefragt, wie er hier ein einziges Buch entdecken kann, eines, das er nie zuvor gesehen hat? Aussichtslos! Es ist, als müsste jemand versuchen, am nächtlichen Himmel einen bestimmten Stern unter hunderttausenden herauszufinden. Weiter bei **128**.

128

Weil Samstag ist, besteht Koloman Buchinger noch darauf, zu *Mother Redcaps Market* zu fahren – vielleicht als Trost für Kleewein? Auf dem gut besuchten Flohmarkt in einer ehemaligen Fabrikshalle ergattert der Bürgermeister tatsächlich ein altes Buch – keine Biografie des heiligen Bonifaz, aber immerhin: ein altes Buch. Und du lernst eine Spezialität kennen, auf die du den Rest deines Irlandaufenthalts nicht mehr verzichten willst: *Fish 'n' chips.* Weiter bei **129**.

129

Die Tage in Irland verfliegen nur so. Schon geht es mit dem Expressbus *Airlink* wieder zurück zum Flughafen. So viele Sehenswürdigkeiten in so kurzer Zeit kennen zu lernen ist doch mächtig anstrengend. Noch immer wirbeln unzählige bunte Bilder in deinem Kopf herum. Nur langsam gelingt es dir, die vielen Eindrücke zu ordnen: Die endlose Reihe der Pubs und Restaurants in Temple Bar, das Picknick im St. Stephen's Green, der Nationalfriedhof mit seinen Wach-

türmen gegen die Grabräuber, die einst Medizinstudenten mit Leichenteilen versorgten, die Rundtürme an der Küste, die Gedenktafel am Geburtshaus von Leopold Bloom, der nie gelebt hat, sondern nur eine berühmte Romanfigur war ... Aber langsam kehren auch die Erinnerungen an die Ereignisse zu Hause zurück, an die Hinterhaus-Bibliothek, die unendlich kleiner ist als die *Old Library*, aber in der es ein rotes Regal gibt und andere merkwürdige Geheimnisse. Weiter bei **130**.

130

„Eins würde ich schon gern wissen“, sagst du auf der Heimreise, als der Jet schon hoch über der Wolkendecke Richtung Südosten schwebt, „doch ich weiß es noch immer nicht: Wie kam diese einzelne Seite auf das Regal, von dem die Bücher verschwanden? Sie wissen schon, die Seite über das *Book of Kells*, die Seite mit den Verschlingungen.“

„Ich habe lange darüber nachgedacht“, sagt Buchinger leise, als könnte ihn der Bürgermeister hören. Doch dazu ist das Pfeifen der Triebwerke viel zu laut. „Und ich könnte mir vorstellen, dass es so gewesen ist: Kleewein schickte seine Sekretärin in die Bibliothek. Sie sollte dort nachsehen, ob sie das Bonifaz-Buch nicht doch noch irgendwo entdecken könnte. Die Sekretärin gilt als sehr tüchtig. Was sie macht, macht sie gründlich. Sie schaute sich in der Bibliothek um. Und sie schaute natürlich auch dort nach, wo die verschwundenen Bücher einmal gestanden waren. Dabei ließ sie diese Seite mit dem Text über das *Book of Kells* liegen.

Ohne dass sie es wollte. Denn in Gedanken war sie wohl schon bei der geplanten Irlandreise."

„Sie meinen, die Sekretärin und der Bürgermeister hatten die Irlandreise schon vorher gebucht, bevor die Bücher verschwanden?"

„So viel ist sicher", schmunzelt Buchinger. „Geplant und gebucht."

„Wie können Sie da so sicher sein? Haben Sie's herausbekommen?"

„Nicht ich", schmunzelt Buchinger. „Hanna. Frau Bürgermeister. Sie fand die zwei Flugtickets in der Innentasche von Kleeweins Sakko, als sie es zur Reinigung bringen wollte."

„Aber was hatte die Sekretärin mit dem *Book of Kells* zu tun?"

„Gar nichts", sagt Buchinger. „Überhaupt nichts hatte sie am Hut damit. Es war eine Seite, die sie aus einem Katalog über Irland gerissen hatte. Hätten wir uns die Rückseite mit Fotos der einzelnen Hotels angesehen, wären wir sofort auf die Lösung gekommen. Aber wir haben uns nur auf diese geheimnisvolle Beschreibung gestürzt. Der Bürgermeister hat schnell geschaltet. Er muss erkannt haben, dass es seine Sekretärin war, die die Seite aus dem Reiseprospekt in unserer Bibliothek vergessen hatte ..."

Jetzt beginnst du zu begreifen. Ja, so muss es gewesen sein! Die Sekretärin hat, als sie nach den Büchern suchte, die Seite auf dem Regal im Hinterzimmer der Bibliothek liegen gelassen – unabsichtlich.

„Der Bürgermeister wusste also schon längere Zeit, dass seine Sekretärin nach Irland wollte. Er hatte vor, sie zu begleiten. Er kopierte die Seite in seinem Büro für uns, aber nur die Seite mit dem geheimnisvollen Text. Hätte er auch die Rückseite kopiert, dann wäre alles einfacher gewesen, sehr viel einfacher."

Du siehst Buchinger von der Seite an, mit einer Mischung aus Ehrfurcht und Bewunderung. „Genial. Aber wie haben Sie das gecheckt?", fragst du, während die Flugbegleiterin Orangensaft serviert.

„Ganz einfach. Der Zufall kam mir zu Hilfe. Die Lösung fand sich nicht auf dem Bücherflohmarkt und nicht im Antiquariat. Sie fand sich auch nicht im Stift, obwohl wir dort einen wichtigen Hinweis von Pater Albero bekamen: den Hinweis auf Irland. Deswegen ging ich ins Reisebüro. Und dort fand sich die Lösung. Ich blätterte den gleichen Katalog durch, den die Sekretärin durchgeblättert haben musste. Ich sah dieselbe Beschreibung des Geraldus Cambrensis. Da fiel dann endlich der Groschen." Weiter bei **114**.

131

„Was ist denn hier los?", fragt der Bürgermeister verdutzt und wendet sich an den Bibliothekar. „Ich hätte Sie gern unter vier Augen gesprochen, Buchinger! Als ich letztes Mal hier herinnen war, war es ruhig wie auf dem Friedhof, und nun laufen da dutzende Leute mit Sektgläsern in der Hand rum? Habe ich einen Termin vergessen? Habe ich mich im Kalender geirrt?"

„Mich unter vier Augen sprechen? Das ist zurzeit schwierig, wie Sie sehen!", ruft Buchinger, um das Stimmengewirr zu übertönen, das wieder eingesetzt hat. „Wir sind im

Aufwind, seit wir neue Öffnungszeiten haben. Ja, Herr Bürgermeister, wir müssen uns eben den Trends einer Freizeitgesellschaft anpassen, frei nach dem Motto ‚Die Bibliothek als Erlebnis'. Und es ist uns gelungen, hier und heute Abend ein neues Buch aus der Taufe zu heben. Der Autor hat es soeben vorgestellt. Eine Einladung müsste noch auf Ihrem Schreibtisch liegen. Aber wenn Sie noch ein wenig Geduld haben ... Sobald der ärgste Trubel vorüber ist, können wir uns in den Nebenraum zurückziehen."

Koloman Buchinger lässt den Bürgermeister warten? Das ist Kleewein nicht gewohnt! Du merkst ihm an, wie verärgert er ist. Und mit jeder Minute, die er länger warten muss, steigert sich sein Ärger. Ja, es ist nicht zu verkennen, Kleewein kocht bereits innerlich. Weiter bei **132**.

132

Endlich kann sich Buchinger von seinen Gesprächspartnern frei machen und bittet den Bürgermeister ins Hinterzimmer. Auch dir bedeutet er, mitzukommen. Aber wollte Kleewein den Bibliothekar nicht unter vier Augen sprechen? Braucht Buchinger einen Zeugen? Kommt es jetzt zum angekündigten Show-down? Fast sieht es so aus. Du folgst den beiden Männern unauffällig und machst dich bei den alten Ausgaben zu schaffen. Weiter bei **133**.

133

„Haben Sie was mit meiner Frau?“, fragt der Bürgermeister rund heraus und verschränkt seine Arme hinter dem Rücken, als ob er dort etwas versteckt hätte. Der drohende Unterton in Kleeweins Stimme ist nicht zu überhören.

„Ob ich was mit Ihrer Frau habe?“, fragt Buchinger überrascht und runzelt die grauen Brauen. „Oja, sehr viele Gemeinsamkeiten. Wir lesen beide gerne Dickens und Dostojewski, Böll und Calvino. Also nichts, was Sie beunruhigen müsste. Wir sind Seelenverwandte, wenn Sie so wollen, Herr Bürgermeister.“

„Aha, Seelenverwandte!“, sagt Kleewin spöttisch. „So nennt man das jetzt. Und was ist *das*?“, fragt der Bürgermeister und seine Stimme klingt auf einmal drohend. Er hält Buchinger ein eng beschriebenes oder bedrucktes Blatt Papier unter die Nase. Obwohl du dich hinter deinem Regal nach Leibeskräften streckst, kannst du nichts Genaues erkennen.

„Darf ich?“ Mit unbefangener Miene nimmt Buchinger den Zettel zur Hand. Er wirft einen Blick auf die Seite und scheint nun doch etwas verlegen zu werden. Ja, wenn dich nicht alles täuscht, überfliegt ein rosiger Hauch die Wangen des Bibliothekars. Der alte, graue Koloman Buchinger errötet! Weiter bei **134**.

„Ich werde Ihnen sagen, was das ist“, donnert der Bürgermeister, und du denkst, dass es irgendwie komisch aussieht, wie der kleinere Kleewein den alten, hageren, grauen Bibliothekar anschnauzt. „Das ist ein Brief von meiner Frau an Sie – und meine Sekretärin musste ihn tippen. Im Auftrag meiner Frau hat sie das getan. Jawoll, meine Frau hat meiner Sekretärin diesen Brief an Sie diktiert. Am Telefon. Und Sie werden mich nicht davon überzeugen können, dass dies kein Liebesbrief ist! Ha!“ – Kleewein klatscht mit der Hand erregt gegen das Papier – „Man of the Moment! Superhenne Hanna! Dass ich nicht lache! Und ich hab' Sie für anständig gehalten!“

Buchinger hat sich schon wieder gefangen. „Ich muss zugeben“, sagt er und kann ein Schmunzeln dabei nicht unterdrücken, „das spricht auf den ersten Blick wirklich gegen mich. Aber ich kann alles erklären. Es ist nicht so, wie Sie denken. Und ich bin nicht der, für den Sie mich halten! Das Ganze hat wohl mit Ihrer Großtante zu tun, jawohl, mit der leider kürzlich verstorbenen Frau Pauline Kleewein.“

„Mit meiner verstorbenen Großtante? Nun machen Sie aber einen Punkt, Buchinger! Lassen Sie ja meine Großtante aus dem Spiel! Die ist ... ich meine, das ist geschmacklos!“

„Nun, Herr Bürgermeister, Sie wissen doch, dass Ihre Großtante eine umfangreiche Bibliothek besaß. Interessante Mischung übrigens: Belletristik, Kinderbücher, Krimis, Wissenschaftliches, alles mögliche ... Deswegen verstand sie sich wohl auch so gut mit Ihrer Frau. Frau Hanna hat nun den Buchbestand gesichtet und ..."

Worum es wirklich geht, erfährst du nicht mehr. Der Bürgermeister lässt den Bibliothekar einfach stehen und geht. Buchinger hebt die Schultern und folgt ihm – etwas ratlos, wie dir vorkommt. Du bist allein im Hinterzimmer der Bibliothek. Der fröhliche Partylärm dringt gedämpft in den Raum mit den alten Büchern.

Ein Zettel schwebt in langsamen Schaukelbewegungen zu Boden. Es ist der Brief an Buchinger, der Brief, den die Sekretärin abgetippt hat und den ihr die Frau des Bürgermeisters angeblich am Telefon diktiert hat. Es ist vermutlich das *Corpus Delicti.* Willst du lesen, was Bürgermeister Kleewein so aufgeregt hat? Ja? Weiter bei **135**.
Nein, interessiert dich nicht? Weiter bei **136**.

135

Du bückst dich und hebst den eng bedruckten Papierbogen auf. Du kannst gar nicht anders. Nachdem du den Text gelesen hast, pfeifst du leise durch die Zähne. Und dann musst du einfach kichern ...

Ein Tag des Glücks – das Parfum wie ein Geschenk auf flacher Hand. Endlich über vierzig Menschen im Hotel, Schweine mit Flügeln, total blauäugig – so werden sie zum Sieger aus eigener Kraft; keiner kommt zu kurz ... Abenteuer eines Lesers im Irrgarten der Liebe – Sorge dich nicht, lebe wie ein Roman. Eine Liebe in Wien? Sag nicht Ja, wenn du Nein sagen willst! Liebe in einer kleinen Stadt zulasten der Briefträger? Kaum erlaubt ... Auch das Paradies wirft Schatten: Ein Apfel ist an allem schuld – es muss nicht immer Kaviar sein! Ich würde gern die Kraft und die Herrlichkeit behalten. Interessieren dich Pauls Bett-Geschichten? Liebe ist möglich, Man of the Moment! Gemeinsam sind wir unausstehlich! Der Körper lügt nicht, wir können noch viel zusammen machen im Dämmerlicht hinter dunklen Fenstern ...

Superhenne Hanna

Zugegeben, auch das sieht nach einer Art Geheimbotschaft aus. Nach allem, was bereits passiert ist, sollte es dir nicht allzu schwer fallen herauszufinden, was dieser Brief bedeutet, der Buchinger beinahe in die Klemme gebracht hätte. Willst du auf Nummer Sicher gehen und deine Vermutung überprüfen? Dann kannst du bei Abschnitt **151** nachsehen. Sonst geht es für dich bei Abschnitt **136** weiter.

136

Du hast das dumpfe Gefühl, es kommt noch knüppeldick an diesem Abend. Nein, das kann nicht alles gewesen sein! Buchinger hat von einer Abrechnung gesprochen. Wird der Bürgermeister einen Skandal lostreten? Vermutlich wartet er noch ein wenig, bis einige der Gäste die Bibliothek verlassen haben. Hanna Kleewein ist bereits verschwunden. Frau Russmann ebenfalls. Muss sich der Bürgermeister erst Mut antrinken? Fast sieht es so aus. Dort steht er in einer Ecke der Bibliothek, unterhält sich mit einem Reporter – er kann es einfach nicht lassen! – und kippt bereits das dritte Glas Sekt hinter die Binde. Wenn das nur gut geht! Weiter bei **137**.

137

Jetzt kommt Willi Kleewein wieder auf den Bibliothekar zu. Seine Augen funkeln angriffslustig. Du bleibst auf deinem Beobachtungsposten. Was immer heute Abend noch passieren mag, du wirst nicht von Koloman Buchingers Seite weichen.

Der Bürgermeister stürzt auf Buchinger zu und packt ihn an den Rockaufschlägen. Kleewein ist nicht mehr ganz sicher auf seinen Beinen und du hast Mühe, ihn zu verstehen.

„Diese Geschichten, mein Lieber, die Sie da aus dem Ärmel schütteln, die hängen mir zum Hals raus! Jawoll! Die ganze Story vom Bücherklau ist an den Haaren herbeige-

zogen! Der Magen dreht sich einem ja um! Auf den Kopf sage ich Ihnen zu, dass Sie sich diese haarsträubende Story aus den Fingern gesogen haben! Aber ich lass mich von Ihnen nicht länger auf den Arm nehmen! Das Ganze war ein Schuss ins Knie und jetzt sitzt Ihnen die Angst im Nacken; jaja, ich seh's Ihnen an, das schlechte Gewissen steht Ihnen ins Gesicht geschrieben. Jetzt ist Ihnen das Herz in die Hose gerutscht und darum können Sie den Hals nicht mehr aus der Schlinge ziehen, mein Lieber! Jetzt geht's Ihnen an den Kragen! Ja, Buchinger, zuerst haben Sie mir lange Zähne gemacht, aber jetzt tanzen Sie mir nicht länger auf der Nase rum mit Ihren Lügenmärchen! Und Sie können von Glück reden, wenn ich die Sache nicht an die große Glocke hänge. Grund genug ist das allemal, Sie zu feuern!"

„Sie sind nicht auf den Mund gefallen, Herr Bürgermeister", sagt Buchinger sanft und fröhlich. „Das ist ja pure Körpersprache. Doch Sie irren! Wollen Sie wirklich wissen ..."

„Moment, ich bin noch nicht fertig!", schreit der Bürgermeister und du siehst den Triumph in seinen rot unterlaufenen Augen. „Da ist noch eine Kleinigkeit, Buchinger: Ich hab' mir Ihren Personalakt angesehen." Kleewein beginnt plötzlich zu kichern. „Und da steht schwarz auf weiß zu lesen: Koloman Buchinger, geboren am 26. Oktober 1897. Achtzehn-hundert-siebenundneunzig! Ich hätte Sie ja schon längst in den Ruhestand schicken können!"

Koloman Buchinger hebt abwehrend die Hände. Der Bibliothekar ist blass geworden. Für einen Augenblick hat es ihm die Rede verschlagen. Doch er hat sich rasch wieder in der Gewalt. „Seien Sie nicht albern! Dabei kann es sich doch wirklich nur um einen Schreibfehler handeln“, lächelt er.

„Natürlich ist es ein Schreibfehler“, kichert der Bürgermeister und hält sich an einem Regal fest. „Sonst wären Sie ja schon über hundert!“

„Eben“, sagt Buchinger versöhnlich. „Und jetzt, Herr Bürgermeister, sollte auch ich Ihnen etwas verraten. Nämlich, wo die verschwundenen Bücher waren“, fügt er ruhig hinzu. Weiter bei **138**.

138

„Ich kann's mir denken! Irgendwo in dieser verdammten Bibliothek“, braust Kleewein auf. „*Sie* haben sie verräumt, versteckt, verschlampt, weiß der Teufel, wo!“

„Der nächste Irrtum“, antwortet Buchinger gelassen, fast fröhlich. „Und lassen Sie bloß den Teufel aus dem Spiel; es geht schließlich um einen Heiligen! Bei der Axt des Bonifaz, beim Backenzahn des heiligen Koloman: Ich bin sicher, dass die Geschichte hübsch unter uns bleibt und nicht bereits morgen in irgendeiner Zeitung steht. Die Bücher lagen nämlich nirgendwo anders ...“, Buchinger legt eine seiner Pausen ein, für die er fast schon berühmt ist, „... als bei Ihnen zu Hause, Herr Bürgermeister.“

Du glaubst, nicht richtig gehört zu haben. Auch Kleewein ist einen Augenblick starr vor Erstaunen. Er kneift die Augen für einen Moment zusammen und reißt sie dann wieder auf, als wollte er aus einem verrückten Traum erwachen. „Was? Bei mir? Das gibt's nicht!“ Der Bürgermeister wird blass. „Sie wollen im Ernst ...“

„Ja, das behaupte ich. Vielleicht standen sie sogar auf Ihrem Nachtkästchen im Schlafzimmer? Ihre Frau hat erzählt, dass sie die Bücher mit nach Hause genommen hat, um sie zu reparieren. Wie Sie vielleicht wissen, hat Hanna eine eigene Ausbildung im Restaurieren von alten Büchern. Leider war ich an diesem Tag nicht erreichbar. So konnte sie mich nicht um Erlaubnis fragen. Aber warum hätte ich es ihr verbieten sollen?“ Weiter bei **139**.

139

Kleewein nimmt einer Schaufensterpuppe das nächste Glas vom Tablett und leert es auf einen Zug. „Bei der letzten Sitzung im Gemeinderat war übrigens der Teufel los!“, poltert er, „schade, dass Sie nicht dabei waren! Dann würden Sie endlich begreifen, was Sie angerichtet haben! Die beiden anderen Fraktionen wollen meinen Ausflug nach Dublin nicht als Dienstreise gelten lassen! Es wurde abgestimmt – sogar ein paar Kollegen aus meiner eigenen Partei waren gegen mich –, und jetzt kann ich die Irlandreise aus meiner eigenen Tasche bezahlen. Und die meiner Sekretärin noch dazu. Und wem verdanke ich das alles? Wer, frage ich, hat mir das eingebrockt? Sie, Buchinger! Ganz allein Sie! Der Teufel muss Sie geritten haben! Buchinger, ich freue mich schon den ganzen Abend darauf, es Ihnen zu sagen: Sie sind Ihren Job los, Buchinger! Sie sind entlassen!“

Weiter bei **140**.

140

Du kannst es nicht fassen. Du bist entsetzt. Koloman Buchinger soll diese Bücherei aufgeben, sein zweites Zuhause? Die Bücher bedeuten ihm doch alles! Aus den Augenwinkeln riskierst du einen Blick zu ihm hinüber. Du erwartest einen gebrochenen Mann. Doch der Bibliothekar hat seine Gefühle im Griff. Er bleibt Herr der Lage. Vielleicht ist man gegen alles gewappnet, wenn man so viele Bücher gelesen hat wie Koloman Buchinger, wenn man so viele Leben gelebt, so viele Schicksale durchlitten hat wie er? Weiter bei **141**.

141

„Dann muss ich Ihnen auch noch eines sagen, Herr Bürgermeister Kleewein“, erklärt er kühl und seine sonst immer leicht vornüber gebeugte Gestalt strafft sich. „Sie brauchen mich nicht zu feuern. Ich kündige. Ich habe ein Angebot von der Landesbücherei. Gut bezahlt, vergleichsweise. Ich kann dort übernächste Woche beginnen. Angenehme Arbeitsbedingungen, trockene Räume. Keine Ratte wird sich in diese Bücherei verirren. Kopiergerät, Fax, Internet-Anschluss. Ich kann mit allen Bibliothekaren in Kontakt treten ...“

„Und mit allen Bibliothekarinnen chatten“, wirfst du keck ein.

Ein strenger Blick Buchingers trifft dich. Doch du weißt, er ist dir nicht wirklich böse.

„Trotzdem ... der Abschied von hier wird mir nicht ganz leicht fallen. Gestatten Sie, dass ich ein bisschen sentimental werde. Und wenn ich Ihnen einen Nachfolger für unsere kleine, feine, feuchte Stadtbücherei empfehlen darf ...“
Weiter bei **142**.

142

Der Bürgermeister betrachtet den Bibliothekar unfreundlich.

„Besser gesagt, eine Nachfolgerin ...“

„Ja?“, fragt Kleewein unwirsch.

„... brauchen Sie nicht lange zu überlegen. Ihre eigene Frau, Herr Bürgermeister, empfehle ich Ihnen! Ich wüsste keine Bessere als Hanna. Damit wir uns nicht missverstehen: Ich wüsste niemand, in dessen Hände ich die Bibliothek lieber legen wollte als in die Ihrer Frau.“ Typisch Buchinger.

„Meine Frau?“, sagt der Bürgermeister und runzelt die Stirn. Sein Zorn scheint langsam zu verrauchen. Du bemerkst einen Anflug von Traurigkeit in seinem Gesicht. „Sie meinen wirklich? Ja, warum eigentlich nicht?“

„Sie hat vor fünfundzwanzig Jahren einen Ausbildungskurs für Bibliothekare besucht. So wie ich.“

„Stimmt“, sagt der Bürgermeister nach kurzem Nachdenken. „Sie hat mir vor längerer Zeit diese Urkunde gezeigt ...“

„Damals haben wir uns kennen gelernt. Es war Liebe auf den ersten Blick. Ja, wir blickten uns an, und plötzlich war der Ausbildungskurs gar nicht mehr so wichtig ... Freilich, damals hat Hanna noch ganz anders ausgesehen“, schmunzelt Buchinger. Du bemerkst, dass er den Bürgermeister gar nicht wirklich anschaut. Sein Blick geht durch Kleewein hindurch, in weite Ferne, als würde er ein altes Bild aus seiner Erinnerung heraufholen.

„So lange kennen Sie Hanna schon?“

„Wie gesagt, wir lernten uns auf diesem Kurs kennen. Kennen und schätzen. Und lieben. Doch dann verloren wir einander aus den Augen. Und als ich sie nach langen Jahren wieder traf, da war sie mit einem erfolgreichen Mann verheiratet.“

„Ja, ja“, nickt der Bürgermeister. „Stimmt. Sie konnte ohne Bücher nicht leben. Kaum haben wir uns in dieser Stadt niedergelassen, musste sie schon die Bücherei besichtigen. Das war lange vor meiner ersten Kandidatur. Sie brachte mir auch immer wieder Bücher mit, die ich lesen sollte. Sie bringt mir auch heute noch welche mit. Sie legt sie mir sogar auf das Nachtkästchen. Aber ich hab’ einfach keine Zeit zum Bücherlesen. Ich lese Verordnungen, Erlässe, Protokolle. Ich studiere Paragrafen.“

„Ich weiß, ich weiß“, sagt Buchinger freundlich. „Flächenwidmungsplan, Lohnsummensteuer ... Das Leben eines Bürgermeisters ist nicht leicht, und man kann niemanden zum Lesen zwingen. Ihre Frau hatte sich äußerlich sehr verändert, als ich sie zum ersten Mal in dieser Bibliothek antraf. Neue Haarfarbe, neue Frisur. Und ihr Wissen ist auch immer auf dem neuesten Stand. Es dauerte eine kleine Weile, bis ich herausfand, dass ich meiner großen Liebe von einst wieder begegnet war. Und nun war sie die Frau meines Vorgesetzten.“ Weiter bei 143.

143

An diesem denkwürdigen Abend siehst du Bürgermeister Kleewein übrigens zum letzten Mal für längere Zeit. Schon tags darauf ist er wie vom Erdboden verschluckt, als ob er sich in Luft aufgelöst hätte. Das ist mehr als ungewöhnlich. Schließlich konnte man ihn ja Tag für Tag auf dem Hauptplatz vor dem Rathaus erblicken. Er gehörte irgendwie zum Stadtbild. Oder er lächelte den Bürgern von Zeitungsfotos und Plakaten entgegen. Ob ihm Frau Hanna das Buch *Erfindungen und Experimente* ans Herz gelegt hat?

Du hältst endlich dein Referat. Die ganze Klasse ist schwer beeindruckt von deinen genauen Recherchen. Frau Russmann verspricht, deine Deutschnote im Abschlusszeugnis um einen Grad hinaufzusetzen.

Koloman Buchingers Tage in der Bücherei sind gezählt. Deswegen verbringst du fast jede Minute deiner Freizeit in der alten Bibliothek. Du willst Antworten auf die letzten offenen Fragen bekommen. Nur eine Frage wirst du nicht stellen: Die Frage nach Buchingers Alter. Weiter bei **144**.

144

„Wo ist eigentlich Bürgermeister Kleewein hingekommen?“, erkundigst du dich bei Buchinger. „Man hört und sieht schon seit Tagen nichts mehr von ihm!“

„Der Bürgermeister hat seinen wohlverdienten Urlaub angetreten – etwas überstürzt, aber mit Sekretärin. Für ihn vielleicht das Beste in seiner Situation ... Das Reiseziel ist unbekannt; Kleewein möchte Ruhe vor sämtlichen Reportern haben. Die Geschäfte führt während seiner Abwesenheit der Amtsdirektor."

Wie das Leben so spielt ... Die alten Bücher sind wieder da, dafür ist der Bürgermeister verschwunden.

„Jaja", nickt Buchinger weise und lächelt. „Auf der Welt gibt es nichts, was sich nicht verändert. Nichts bleibt so, wie es war."

„Eine keltische Weisheit?", willst du wissen.

„Vielleicht", lacht Buchinger. „Aber sie stammt nicht aus der Lebensgeschichte des Bonifaz."

Weiter bei **145**.

145

„Da ist noch was."

„Ja?" Buchinger sieht dich fragend an.

„Der Mord. Wie war das eigentlich damals mit dem Mord?"

„Mord?", fragt Buchinger und sieht sich nach einer sauberen Kaffeetasse um. „Wovon sprichst du? Vom heiligen Koloman?"

„Nein, Sie sagten einmal, es wurde jemand mit diesem mordsschweren roten Buch vom roten Regal erschlagen. Mit dem *Christlichen Sternenhimmel.* Das war doch nicht Koloman?"

„Ach, das!" Buchinger lacht und gießt schwarzen Kaffee in die Tasse. „Nein, nein. Du kennst ja Kolomans traurige Geschichte. Als Koloman umgebracht wurde, gab's noch keine Bücher im heutigen Sinn. Aber du hast wirklich ein gutes Gedächtnis. Erstaunlich. Doch ich meine inzwischen, es war kein Mord."

„Einmal Mord, dann wieder kein Mord?"

„Es war Totschlag", lächelt Buchinger. „Es geschah nicht vorsätzlich. Es passierte im Affekt."

Du schaust ihn fragend an. Dieser seltsame Mensch gibt immer neue Rätsel auf. Jetzt findet er selbst Mord und Totschlag zum Lachen? Weiter bei **146**.

146

„In dem Buch *Der christliche Sternenhimmel* fand ich eine Notiz, eine Aufzeichnung des damaligen Pfarrers", sagt Buchinger in seiner umständlichen Art und sucht nach einer Milchpackung.

Du stöhnst. Nein, nicht schon wieder! Noch ein Fragment? Noch eine Botschaft? Von Fragmenten hast du genug für die nächsten zehn Jahre.

„Der geistliche Herr muss ein Mensch mit feinem Humor gewesen sein", setzt Buchinger fort. Endlich hat er die Milch gefunden. Und den passenden Zettel in seiner Zettelwirtschaft. „Hör zu, was er schrieb: *Etwas Unfassbares ist geschehen. Heute, am 6. Juno 1908, wurde dieses Buch mit den Heiligenlegenden zum Mordinstrument und meine bisher hoch geschätzte Pfarrersköchin Katharina Blumauer zur brutalen Totschlägerin.* Willst du wirklich alle Einzelheiten wissen?" Weiter bei **147**.

147

Du zögerst, schluckst, nickst dann. Es liegt schließlich alles schon so lang zurück. Das Opfer wäre inzwischen längst tot, selbst wenn es den Anschlag damals überlebt hätte. Buchinger liest weiter und du versuchst ihm über die Schulter zu blicken. Das ist nur möglich, weil sich der baumlange Bibliothekar niedergesetzt hat: *Es war kurz vor Mittag und ich war eben dabei, meine Predigt für den Sonntag*

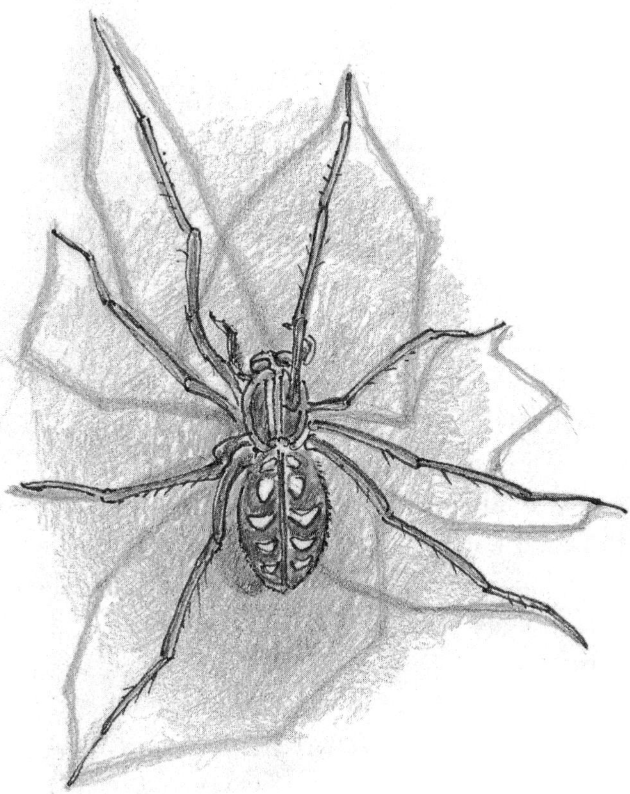

vorzubereiten, da wurde die Thür aufgerissen. Katharina kam, unziemlich laut schreiend, in die Bibliothek gerannt. Sie riss den schweren Band vom Regal und eilte, mit den „Legenden“ gewappnet, zurück in die Küche. Dann vernahm ich einen heftigen Schlag. Als ich aufsprang und meiner Köchin folgte, sah ich die schreckliche Unthat: Katharina hatte mit dem Buche eine harmlose Spinne auf dem Küchentisch erschlagen ... Weiter bei **148**.

148

Buchinger hat dich also wieder einmal hereingelegt, wie es so seine Art ist. Aber du bist ihm nicht böse. Er holt den prachtvollen roten Band vom roten Regal, schlägt ihn auf Seite 362 auf und legt ihn vor dich hin. Weiter bei **149**.

149

Langsam bricht die Dämmerung herein. Draußen fängt es zu regnen an. Du bist allein mit Koloman Buchinger in der Bücherei. Es ist sein letzter Tag hier, und du weißt jetzt schon: Der Bibliothekar wird dir fehlen. Aber sein Entschluss steht fest.

Buchinger schaltet das Licht ein. Du fühlst dich angenehm geborgen in diesem Raum, fast schon wie zu Hause. Alles ist klar, alles ist übersichtlich, unterteilt, alles hat hier seinen Platz und seine Ordnung – und dann beugt ihr euch gemeinsam über den *Christlichen Sternenhimmel.* Auf einem alten Druck siehst du Bonifaz, der eigentlich Winfried hieß, groß, stark und mit Muskeln bepackt wie Arnold Schwarzenegger. Mit der Linken drückt er ein Buch an seine Brust. In der rechten Hand hält er eine kleine Axt, ein winziges Beilchen. Er holt weit aus, um es gegen eine riesige Eiche zu schmettern.

„Verlogen“, murmelt Buchinger. „Verkitscht!“

„Was?“, fragst du erstaunt.

„Ein schrecklicher Kitsch, diese Heiligenlegenden“, sagt der Bibliothekar und betrachtet die Haare auf seinem Handrücken. „Einfach schauderhaft! Sie waren gar nicht so, die Heiligen, sag ich dir. So kann es nicht gewesen sein. Sie standen nicht einfach da in wallenden Gewändern voller Falten und blickten mit verklärtem Blick gegen den Himmel, um sich von irgendwelchen Heiden niedermetzeln zu lassen. Bestimmt war alles ganz anders! Ich wette, auch die Heiligen hatten ihre Fehler. Sie waren nicht nur gut, und die so genannten Heiden nicht so böse. Nichts ist nur schwarz oder nur weiß im Leben, es gibt so viele Zwischentöne. Die Heiligen mussten einfach den Platz der heidnischen Götter einnehmen, die man früher angerufen hatte. Es war eigentlich nur ein Austausch. Nehmen wir Koloman: Ich wette, Koloman wäre lieber nach Jerusalem gepilgert anstatt sich an einen Holunderbaum knüpfen zu lassen, um dort sein Leben auszuhauchen! Meinst du nicht auch? Ich glaube, er hätte gern darauf verzichtet, später zum Heiligen erklärt zu werden. Sicher hätte er viel darum gegeben, mitsamt seinem Unterkiefer und Backenzahn wieder nach Irland zurückzukehren, um dort ein Bier in seinem Lieblingspub trinken zu können. Ach, Irland ...“

„Geschenkt“, fällst du ihm ins Wort, „Ich weiß, in Irland wird das schönste Buch der Welt aufbewahrt.“

Buchinger sieht dich an, nein, er sieht wieder einmal durch dich hindurch, und ein sehnsüchtiger Ausdruck liegt auf seinem Gesicht. „Diese Musik“, seufzt er, „diese Balladen von Liebe und Rebellion! Irland – wo Bücher noch richtige Bücher sind und Frauen noch richtige Frauen. Einmal im Leben möchte ich noch nach Irland.“

Weiter bei **150**.

150

Du brauchst ihn gar nicht zu fragen, du siehst es ihm an: Buchinger ist wieder einmal verliebt.

„Und wer ist es heute?“

„Ein Mädchen irgendwo in Irland, nein, eher eine junge Frau. Ich seh’ sie ganz deutlich vor mir: ein Gesicht voller Sommersprossen, nein, nicht nur ihr Gesicht ist mit Sommersprossen übersät, auch ihre Schultern, ihre Arme. Dichte rotblonde Haare, die in leichten Locken über die Schultern fallen, kluge, braune Augen. Ein herzliches offenes Lachen. Und sie kann gut erzählen! Die Iren sind begnadete Geschichtenerzähler, musst du wissen. Natürlich kennt sie O’Casey, hat Joyce gelesen, Yeats, Shaw und Beckett. Es gibt diese Frau, ich weiß es!

Vom Meer her weht eine frische Brise. Sie fragt mich, ob ich mit ihr einen Spaziergang über die grünen Felder mache, entlang der niedrigen Trockensteinmauern. Sie will mir eine alte Kirchenruine zeigen, die ich noch nicht kenne.

Ach, Irland! Manchmal frage ich mich wirklich, warum ich noch hier lebe und nicht in Irland. Kennst du ein anderes Land, das ein Buch, ein Buch!, seinen wertvollsten Nationalschatz nennt?“

„Jetzt sehen wir noch bei Koloman nach“, schlägst du vor, um Buchinger wieder auf andere Gedanken zu bringen. Dein Finger fährt über das Namenregister im *Christlichen Sternenhimmel*. Doch ein heiliger Koloman ist nicht zu finden. Schon seltsam: kein Koloman, kein Columban, kein Columba in dieser Heiligensammlung ... Weiter bei **119**.

151

Du hast es natürlich erkannt: Der vermeintliche Brief, den die Sekretärin niederschrieb, besteht aus Buchtiteln, einer Aufzählung verschiedenster Buchtitel. Es sind Bücher, die sich im Nachlass von Pauline Kleewein fanden, der Großtante unseres Bürgermeisters. Hanna Kleewein wollte dem Bibliothekar eine Liste dieser Bücher zukommen lassen. Sie sagte die Titel der Sekretärin des Bürgermeisters am Telefon an, wodurch es zu dem Missverständnis kam.

Ein Tag des Glücks / Das Parfum / Wie ein Geschenk auf flacher Hand / Endlich über vierzig / Menschen im Hotel / Schweine mit Flügeln / Total blauäugig / So werden Sie zum Sieger / Aus eigener Kraft / Keiner kommt zu kurz / Abenteuer eines Lesers / Im Irrgarten der Liebe / Sorge dich nicht, lebe / Wie ein Roman / Eine Liebe in Wien / Sag nicht Ja wenn du Nein sagen willst / Liebe in einer kleinen

Stadt / Zu Lasten der Briefträger / Kaum erlaubt / Auch das Paradies wirft Schatten / Ein Apfel ist an allem schuld / Es muss nicht immer Kaviar sein / Die Kraft und die Herrlichkeit / Pauls Bett-Geschichten / Liebe ist möglich / Man of the Moment / Gemeinsam sind wir unausstehlich / Der Körper lügt nicht / Wir können noch viel zusammen machen / Im Dämmerlicht / Hinter dunklen Fenstern / Superhenne Hanna
Zurück zu **136**!

152

Hier sind noch einmal die Titel der ersten drei Bücher vom roten Regal:
TIERGESCHICHTEN AUS ÖSTERREICH
hg. von Ilse Walter, Wien–Heidelberg 1982
ERFINDUNGEN UND EXPERIMENTE
von Walter Häntzschel, Berlin 1905
LEGENDE oder DER CHRISTLICHE STERNENHIMMEL von Alban Stolz, Freiburg im Breisgau 1902
Die Stadt heißt DUBLIN. Zurück zu **69**

153

Das gesuchte Kloster ist natürlich das Stift MELK.
Zurück zu **66**!

Franz Sales Sklenitzka, Jahrgang 1947, zählt zu den bekanntesten Kinder- und Jugendbuchautoren Österreichs. Seine Bücher wurden in mehrere Sprachen übersetzt. Für sein literarisches Schaffen erhielt er zahlreiche Auszeichnungen. Im NP Buchverlag sind „Die Ruine“, „Der Schwarze Graf“, „Höbarths Zeitmaschine“ und „Tempo, Tricks und tolle Tore“ erschienen.